Educação, Diferença e Desenvolvimento Nacional

Reitor
Targino de Araújo Filho
Vice-Reitor
Pedro Manoel Galetti Junior
Pró-Reitora de Graduação
Emília Freitas de Lima
Secretária de Educação a Distância - SEaD
Aline Maria de Medeiros Rodrigues Reali

Coordenação UAB-UFSCar
Daniel Mill
Denise Abreu-e-Lima
Joice Lee Otsuka
Valéria Sperduti Lima

Conselho Editorial
José Eduardo dos Santos
José Renato Coury
Nivaldo Nale
Paulo Reali Nunes
Oswaldo Mário Serra Truzzi (Presidente)

Coordenadora do Curso de Pedagogia
Claudia Raimundo Reyes

UAB-UFSCar
Universidade Federal de São Carlos
Rodovia Washington Luís, km 235
13565-905 - São Carlos, SP, Brasil
Telefax (16) 3351-8420
http://www.uab.ufscar.br
uab@ufscar.br

EdUFSCar
Universidade Federal de São Carlos
Rodovia Washington Luís, km 235
13565-905 - São Carlos, SP, Brasil
Telefax (16) 3351-8137
http://www.editora.ufscar.br
edufscar@ufscar.br

Valter Roberto Silvério
Thais Santos Moya

(organizadores)

Educação, Diferença e Desenvolvimento Nacional

São Carlos

EdUFSCar
2010

© 2009, dos autores

Concepção Pedagógica
Daniel Mill

Supervisão
Douglas Henrique Perez Pino

Equipe de Revisão Linguística
Andréia Pires de Carvalho
Mariucha Magrini Neri
Paula Sayuri Yanagiwara
Sara Naime Vidal Vital
Thaise Traldi Bortoletto
Vanessa Aparecida de Oliveira

Equipe de Editoração Eletrônica
Izis Cavalcanti
Juliana Greice Carlino
Rodrigo Rosalis da Silva

Equipe de Ilustração
Jorge Luís Alves de Oliveira
Thaisa Assami Guimarães Makino

Capa e Projeto Gráfico
Luís Gustavo Sousa Sguissardi

Ficha catalográfica elaborada pelo DePT da Biblioteca Comunitária da UFSCar

```
E24e
         Educação, diferença e desenvolvimento nacional / Valter
       Roberto Silvério ...[et al.]. -- São Carlos : EdUFSCar,
       2010.
         92 p. – (Coleção UAB-UFSCar).

         ISBN – 978-85-7600-175-1

         1. Educação. 2. Desenvolvimento nacional. 3. Diferença.
       4. Ação afirmativa. I. Título.

                                       CDD – 370 (20ª)
                                       CDU – 37
```

Todos os direitos reservados. Nenhuma parte desta obra pode ser reproduzida ou transmitida por qualquer forma e/ou quaisquer meios (eletrônicos ou mecânicos, incluindo fotocópia e gravação) ou arquivada em qualquer sistema de banco de dados sem permissão escrita do titular do direito autoral.

SUMÁRIO

APRESENTAÇÃO 7

UNIDADE 1: Sociologia aplicada à Educação
Thais Santos Moya
Elaine de Melo Lopes dos Santos

1.1 Primeiras palavras 11

1.2 Uma introdução à Sociologia Clássica 11

1.3 A Educação analisada pelos autores clássicos da Sociologia 16

1.4 Para além da Sociologia da Educação: uma Sociologia aplicada à Educação 18

1.5 Referências 20

UNIDADE 2: Educação e desenvolvimento nacional
Thais Santos Moya
Marisa Adriane Dulcini Demarzo
Valter Roberto Silvério

2.1 Primeiras palavras 23

2.2 Educação para o desenvolvimento 23

2.3 Educação e desenvolvimento nacional: algumas considerações sobre o caso brasileiro 27

2.4 A formação e o desenvolvimento da Nação brasileira: um percurso pelos estudos das relações raciais 31

2.5 Somos mesmo uma nação mestiça? 38

2.6 O desenvolvimento dos direitos culturais no Brasil: uma luta de movimentos sociais e de organizações internacionais 41

2.7 Saiba mais 46

2.8 Outras referências.................................46

2.9 Referências.................................47

Unidade 3: Educação e relações étnico-raciais: a experiência da diferença
Karina Almeida de Sousa
Thais Santos Moya
Paulo Alberto dos Santos Vieira

3.1 Primeiras palavras 53

3.2 A diferença social como uma diferença a ser problematizada: que diferença é essa? 53

3.3 Educação e a questão étnico-racial: novos sujeitos e a diferença.................................57

3.4 Antirracismo e ação afirmativa no Brasil contemporâneo......61

   3.4.1 Ação afirmativa e Educação.................................65
   3.4.2 Afinal, o que é ação afirmativa?.................................70
   3.4.3 Ações afirmativas com critério racial no Brasil: por que só agora?.................................78
   3.4.4 Ação afirmativa e seu potencial de transformação social.........81

3.5 Considerações finais.................................82

3.6 Saiba mais.................................83

3.7 Dicas de filmes.................................83

3.8 Referências.................................84

APRESENTAÇÃO

Esta obra está dividida em três unidades que propõem dialogar sobre a construção de uma sociedade que respeite as diferenças. A primeira unidade demonstra a relevância da Sociologia na formação e no exercício profissional do/a educador/a, como uma ciência que permite a construção de uma perspectiva crítica aplicada à própria Educação.

Na segunda unidade discutiremos a Educação como um processo social politicamente orientado e construído para a formação e o desenvolvimento dos valores e das instituições que constituem a nação brasileira.

Que tipo de desenvolvimento nacional tem sido almejado e reproduzido pelas políticas educacionais brasileiras? Quais são os valores nacionais desse desenvolvimento? Esses são questionamentos que serão levantados e problematizados na terceira unidade, na qual discutiremos como as questões e as demandas pelas diferenças sociais, principalmente a questão étnico-racial, tem influenciado os debates e as políticas educacionais no país e, consequentemente, o seu desenvolvimento.

Thais Santos Moya
Elaine de Melo Lopes dos Santos

UNIDADE 1

Sociologia aplicada à Educação

1.1 Primeiras palavras

Nesta unidade abordaremos a Sociologia como um importante instrumento analítico dos processos educacionais e de seus desdobramentos materiais e simbólicos.

Discutiremos não apenas como a Sociologia compreende a Educação enquanto uma instituição social fundamental de reprodução e/ou transformação de valores, mas também como os projetos educacionais podem ser sociologicamente analisados de acordo com seu contexto histórico, político e nacional.

1.2 Uma introdução à Sociologia Clássica

Comparada às outras ciências humanas, a Sociologia pode ser considerada uma das caçulas, pois surgiu, principalmente, das consequências e transformações geradas na Revolução Democrática (Francesa) e na Revolução Industrial.

Essas consequências fizeram a antiga ordem europeia (calcada em valores feudais como parentesco, terra, estamentos, religião e monarquia) entrar em um colapso diante da nova ordem que surgia baseada nos novos valores democráticos franceses, constituídos na primeira revolução ideológica do ocidente, que obteve muitos discípulos dentro da política, da religião, da filosofia e de outras áreas, influenciando toda a história do conhecimento posterior.

É também baseada nos valores e nos problemas consequentes do industrialismo, que foram, de início, os principais objetos de estudo do pensamento sociológico. Como exemplo das mudanças que ocorreram nesse período é possível citar: a situação da "classe" trabalhadora, que foi diretamente atingida pelas transformações trazidas pelo industrialismo, haja vista os aglomerados populacionais, que se tornaram cada vez mais constantes, fazendo com que as cidades passassem a ter menos qualidade de vida, necessitadas de saneamento básico a lazer; o condicionamento do corpo ao tempo, atividade inexistente antes da imposição de horários; o surgimento de sistemas fabris; a acelerada tecnologia; a transformação da propriedade privada; a individualização do processo produtivo; o salário, entre outros acontecimentos que confrontaram situações há séculos preestabelecidas, e que golpearam não só os trabalhadores, mas toda a sociedade.

No âmbito filosófico, as revoluções ocasionaram três processos amplos e fundamentais: a *individualização*, identificada na emancipação do indivíduo perante os outros, ou seja, uma separação de suas estruturas comuns; a *abstração*, identificada na pouca importância dada pelo indivíduo aos valores regionais e tradicionais e a *generalização*, identificada na ampliação do referencial do indivíduo, tomando-o como pertencente à nação, com uma visão universal e desinteressada pela família e pela comunidade local. Esses três processos comuns às duas revoluções são ações (reações) da racionalização do pensamento, baseadas numa individualização intensa e constante.

É válido dizer que a Sociologia surge como uma ciência conservadora, pois embora seu aparecimento aconteça num momento de rupturas com os valores decorrentes das mudanças citadas, ela possui uma referência no passado que aparece como contraponto aos ideais individualistas, com a necessidade de criar um novo senso comunitário. Como principais representantes da Sociologia, os clássicos Émile Durkheim, Max Weber e Karl Marx não negaram essa característica, pelo contrário, foram homens preocupados com as mudanças ocorridas em suas sociedades na época em que viveram. Suas obras devem ser lidas e analisadas considerando seus contextos históricos e biográficos, para que seja possível entender a real motivação que os levou a pesquisar tais assuntos.

Tanto Karl Marx (1818-1883), que vivera antes, quanto Émile Durkheim (1858-1917) e Max Weber (1864-1920), que foram contemporâneos, surgem na Sociologia em meio a um turbilhão de transformações, citadas anteriormente.

Marx viveu no ápice da exploração do capitalismo Europeu, sendo desde jovem marcado por sua personalidade revolucionária, o que resultou em alguns exílios. Durkheim viveu durante a III República Francesa, período caracterizado por uma grande instabilidade política, pelas guerras civis e pela decadência Católica, o que acarretou numa profunda crise dos valores morais – fato que o perturbou e instigou seus estudos e pesquisas. Já Weber nasceu e viveu numa Alemanha em constituição, com uma industrialização atrasada e uma burguesia fraca.

Apesar de Marx ter vivido antes, sua obra não é considerada estritamente sociológica, o que nos permite dizer que Durkheim é o responsável por consolidar a Sociologia enquanto disciplina acadêmica, por meio de seus rigorosos procedimentos metodológicos.

Adepto dos ideais positivistas, Durkheim tinha como objetivo fundar um método para a Sociologia que fosse comum às outras ciências, mas que, obviamente, tivesse um diferenciado objeto de estudo, que ele denominou de *fato social*; e que são fenômenos transformadores, causadores de mudança social, portadores de vida própria, exteriores aos indivíduos, que exercem uma ação coercitiva sobre estes e torna-se geral e comum a todos.

Um exemplo de fato social é a linguagem, por ser exterior ao indivíduo – que nasce, cresce e morre enquanto ela permanece no meio social – e por ser coercitiva, já que quem não a aprende sofre as consequências de não compartilhar de algo que é comum a todos e que funciona como um instrumento de comunicação entre os indivíduos.

Definido como objeto de estudo o fato social, Durkheim determina como estudá-lo, ou seja, definiu um método rígido para as ciências sociais. O primeiro e fundamental passo de seu método é a observação exterior do objeto: o pesquisador deve subtrair de si todas suas noções vulgares, preconceitos e valores embutidos no seu objeto, tornando-o neutro e objetivo, o que Durkheim chama de "coisa". A partir disso a aproximação deve ser vagarosa, por meio de contestações de hipóteses e conclusões.

Tal método é contestável para Weber, pois, para ele, a própria escolha do objeto é determinada pelos valores e pré-noções do pesquisador e de sua época. A compreensão dos fenômenos sociais depende de suas singularidades históricas, que são diferentes para cada sujeito. Portanto, para Weber, o sentido é dado pela cultura, pois suas individualidades e valores ocasionam mudanças constantes que impossibilitam um sentido estático, o que, consequentemente, impossibilita um método totalmente racional, defendido por Durkheim.

No entanto, Weber não ignorava a importância da objetividade na pesquisa, pelo contrário: constitui um método próprio para as Ciências Sociais, distante da Ciência Natural, sem *coisificar* os fatos, defendendo a individualidade de observação destes. A partir dessa observação subjetiva controlam-se os valores por meio do método, durante o recorte do objeto e a análise dos fatos, tendo como intenção apenas uma aproximação da verdade. Para Weber, a objetividade completa é uma invenção das Ciências Naturais, pois sempre existirá influência de valores dentro de uma pesquisa.

No seu método, Weber criou esquemas explicativos, modelos que se aproximam da realidade, que receberam o nome de *tipos ideais* e como o próprio nome insinua, são idealizações, pois não existem da maneira que são detalhados, servem apenas para obter uma melhor compreensão do fenômeno.

Na obra de Marx podemos identificar aproximações como estas, citadas por Weber como tipos ideais, embora o próprio autor não as tenha assim denominado. Tais aproximações da realidade são vistas em um dos seus principais conceitos: o de classe social. Para Marx, o que determina a classe social de um indivíduo é sua posição dentro das relações sociais de produção, ou seja, se ele detém ou não os meios de produção. Ele próprio diz não ser esse um conceito puro, pois nem na Inglaterra, onde o capitalismo estava em suas atividades mais avançadas, não era possível encontrar na forma pura sua visão dicotômica de classe – o que não impediu que sua teoria se transformasse num modelo muito útil aos estudos sociológicos.

Seu conceito de classe social tem uma característica puramente econômica, pois sua concepção de sociedade era regida pelo que ele próprio denominou de Determinismo Econômico, ou seja, o senso econômico-produtivo determina e fundamenta a sociedade condicionando todas as outras instituições normatizadoras sociais, como a escola, a política, a religião, entre outras. Aqueles que constituem o senso econômico-político, no caso os burgueses, também influenciam e formulam as instituições citadas à sua imagem e interesse, para a manutenção de sua posição privilegiada. O que foi denominado de senso econômico-produtivo é para Marx a *infraestrutura*, ao passo que as instituições são o que constitui a *superestrutura*.

Essa perceptível monocausalidade econômica na teoria de Marx é discutida por Weber, pois para ele a história não pode ser monocausal, e sim multicausal, devido às inúmeras esferas sociais existentes e suas interferências dentro da sociedade, adicionada à visão valorativa e preconcebida dos pesquisadores, que interpretam de maneiras diversas a realidade. Pode-se ver claramente essa discussão na sua definição de classe social, sendo esta orientada pelos interesses valorativos e econômicos do agente, os quais são regidos pela relação com o Mercado, em consequência do seu poder de compra. Portanto, não houve uma restrição do conceito de classe social a uma causa, como a detenção dos meios de produção, mas a muitas causas como valores, bens, costumes, desejos, poder de compra, Mercado, entre outros. Sendo assim, para Weber, a economia é apenas uma dimensão possível de se compreender a sociedade.

Já para Durkheim, compreender a sociedade não significava apenas entender as ações individuais, ou somá-las. Segundo o autor, o todo não é a soma das partes, pois o todo é algo muito mais complexo do que essa somatória, ou seja, a sociedade sobrepõe-se aos indivíduos de uma forma *sui generis*, formando uma força complexa que coage as ações individuais: a Consciência Coletiva, que é "o conjunto das crenças e dos sentimentos comuns à média dos membros de uma mesma sociedade formando um sistema determinado que tem sua vida própria" (DURKHEIM, 1985, p. 342). No entanto, Durkheim afirma também a existência de uma consciência individual caracterizada por sua pessoalidade e pela distinção entre os indivíduos.

Nas sociedades em que os indivíduos diferem pouco uns dos outros, reconhecendo os mesmos valores, partilhando os sentimentos comuns, a Consciência Coletiva abrange a maior parte das consciências individuais. Essas sociedades são caracterizadas por deterem o que Durkheim denomina de Solidariedade Mecânica. Já nas sociedades em que os indivíduos se diferem e possuem funções e crenças variadas, a Consciência Coletiva diminui sua abrangência sobre as Consciências individuais – característica da presença da Divisão Social do Trabalho. Nessas sociedades encontra-se a Solidariedade Orgânica.

Solidariedade é um fenômeno moral que, por si mesmo, não pode ser observado nem medido com exatidão, portanto é necessária uma comparação com seus indicadores, manifestados por sua essência: o Direito. Para Durkheim, existem dois tipos de Direito que correspondem aos dois tipos de Solidariedade citados.

O Direito Repressivo, presente nas sociedades de solidariedade Mecânica, revela a grande intensidade da consciência coletiva, pois quanto mais comuns forem os sentimentos, maior será o impacto social do crime. Este causa uma ruptura dos elos de solidariedade, tornando necessária uma punição com dor e privações, para que haja uma nova coesão social e a inibição de novos crimes.

O Direito Restitutivo é aquele presente em sociedades de Solidariedade Orgânica, em que a densidade moral é grande, devido à maior intensidade de relações entre os indivíduos, o que torna necessária uma normalização das diferenças. Como consequência disso, as sanções jurídicas são feitas por órgãos designados para essa função, com o intuito de restabelecer as relações perturbadas, reparando o dano causado e mantendo a coesão social.

Manter a coesão social sempre foi uma preocupação de Durkheim, temendo a *anomia* (ausência de regras e moral dentro da sociedade), o que, para ele, tenderia ao caos social, um estado patológico quase irremediável.

Weber também fez suas previsões sobre a sociedade. Para ele, todas as esferas sociais tendem a se racionalizar, buscando ações sociais calculadas, definidas como uma conduta humana dotada de subjetividade por quem a executa, tendo em vista uma resposta da ação que recebe. Dentro desse pensamento, Weber criou quatro tipos ideais de ações sociais:

- *Racional em relação a fins*: utiliza a razão para escolher os meios adequados para atingir seu objetivo;
- *Racional em relação a valores*: os valores influenciam na escolha dos meios;
- *Tradicional*: os meios são determinados pela tradição;
- *Afetiva*: os meios são determinados pelo desejo e pela paixão.

A ação social *Racional em relação a fins* é a que possui o mais alto grau de racionalidade. Nas outras, esta se encontra em graus decrescentes, sendo a ação social afetiva aquela que possui o menor. O alto grau de racionalidade torna as ações sociais mais previsíveis, uma vez que são frutos de cálculos.

Essa racionalização crescente dos indivíduos é encarada de uma forma pessimista por Weber, pois ele acreditava que isso acarretaria no que ele denominou de Desencantamento do Mundo, que seria a decepção humana vinda de um mundo habitado pelo sagrado e pelo mágico e que chega num mundo burocrático, racionalizado, dominado pela técnica e pela ciência.

> A intelectualização e racionalização crescentes não significam, pois, um crescente conhecimento geral das condições gerais da vida. Seu significado é muito diferente; significam que se sabe ou se crê que, a qualquer momento que se queira, pode-se chegar a saber que não existem em torno da nossa vida poderes ocultos e imprevisíveis, mas que, pelo contrário, tudo pode ser dominado pelo cálculo e pela previsão. Isto quer dizer simplesmente que se excluiu a magia do mundo (WEBER, 1982, p. 165).

Das previsões, a mais famosa é a marxista. Segundo Marx, o Capitalismo seria superado por um novo modo de produção, o Comunismo, no qual não existiria exploração e as pessoas seriam tratadas igualmente. Esse modo de produção só entraria em vigor por intermédio de uma Revolução organizada pela classe oprimida, o proletariado. No entanto, tal fato só seria possível se estes obtivessem o que Marx chamou de consciência de si, que consiste num desvendamento do sistema e, consequentemente, da exploração sofrida pela classe oprimida, fazendo o desejo de mudança ocasionar a união e a organização dos proletários (o que pode ser visto nos sindicatos). O próximo passo seria a *consciência para si*, um planejamento mais intenso e com intuitos revolucionários, organização típica de um partido político.

Essas previsões dos autores clássicos da Sociologia, como outras de suas teorias, podem não ter acontecido exatamente como previstas, mas servem até hoje como modelo e como instrumento nos estudos sociológicos. Da mesma forma, a preferência por um ou por outro autor clássico, atualmente, tem perdido a importância, pois nota-se que a tendência é aproveitar e integrar as teorias com muita criatividade, usando o que há de melhor e mais consistente em suas obras.

1.3 A Educação analisada pelos autores clássicos da Sociologia

Educar é apenas reproduzir valores, normas e condutas às gerações futuras? Ou é também um processo social com potencial de transformação e revolução? Tais questionamentos têm permeado as teorias sociológicas desde a sua origem, por meio dos seus autores clássicos: Durkheim, Marx e Weber.

A seguir, veremos como cada um deles analisou a Educação e suas implicações sociais.

A definição clássica de Durkheim sobre a educação afirmava que:

> A educação é a ação exercida pelas gerações adultas sobre as gerações que não se encontram ainda preparadas para a vida social; tem por objeto suscitar e desenvolver, na criança, certo número de estados físicos, intelectuais e morais, reclamados pela sociedade política, no seu conjunto, e pelo meio moral a que a criança, particularmente, se destine (DURKHEIM, 1978, p. 38).

Para o autor, educação é socialização, ou seja, um processo em que as pessoas aprendem a ser membros da sociedade. São costumes, regras, que devem ser obrigatoriamente transmitidos no processo educacional, gostemos deles ou não. Segundo Durkheim (apud RODRIGUES, 2003, p. 32), "se não fizermos isso, a sociedade se vingará de nossos filhos, pois não estarão em condições de viver em meio aos outros quando adultos". Ele afirmava ainda, em seu livro *Educação e sociologia*, que "É uma ilusão acreditar que podemos educar nossos filhos como queremos" (DURKHEIM, 1978, p. 36), de forma que o momento histórico é o que determina o tipo de educação a ser transmitida.

Já para Karl Marx,

> a preocupação da educação deveria ser, fundamentalmente, a de romper com a alienação do trabalho, provocada pela divisão do trabalho na fábrica capitalista. Pois este seria, em sua visão, o ponto de partida para romper com a passividade do trabalhador frente à ideologia da classe dominante (RODRIGUES, 2003, p. 52).

Assim, a educação seria parte da superestrutura, que é condicionada pelas forças de produção e controlada pela classe dominante. Para ele a educação é um meio de dominação no capitalismo, mas pode também ser uma força de mudança social.

Marx vislumbrava um processo educacional que fosse o inverso do caminho de expropriação dos saberes da classe trabalhadora, ou seja, um processo educacional que permitisse ao filho do operário não apenas saber que era uma vítima da exploração burguesa, mas que o ensinasse a operar as fábricas, a ter a percepção do conjunto do processo produtivo moderno. Nesse sentido, teoria e prática deveriam estar sempre unidas e o trabalho e a educação deveriam estar sempre associados, surgindo a ideia da educação politécnica.

Weber, por sua vez, "pensava que a educação passava a ser, à medida que a sociedade se racionaliza historicamente, um fator de estratificação social, uma forma de distinção, de obtenção de honras, poder e dinheiro" (RODRIGUES, 2003, p. 78). Ele pensava os sistemas escolares como burocracias, ou seja, como organizações baseadas na autoridade legal. Nesse sistema (de sociedade burocrática), o diploma poderia criar privilégios análogos aos da aristocracia. Segundo Weber, a educação seria "o modo pelo qual os homens – ou determinados tipos de homens em especial – são preparados para exercer as funções que a transformação causada pela racionalização da vida lhes colocou à disposição" (RODRIGUES, 2003, p. 75), tendo três principais finalidades: despertar o carisma, preparar o estudante para uma conduta de vida e transmitir conhecimento especializado, servindo de moeda para a obtenção de empregos e de meio de seleção cultural.

Weber expressou certo pessimismo afirmando que a educação "racionalizada" pelo capitalismo continuava a ser usada como mecanismo de ascensão social, obtenção de status e busca por riqueza material, tendo sofrido um recuo quanto à *formação do homem*, passando a habilitar o indivíduo a desempenhar tarefas. Em seu texto *Burocracia*, do início do século XX, ele afirmava:

> O desenvolvimento do diploma universitário das escolas de comércio e engenharia, e o clamor universal pela criação dos certificados educacionais em todos os campos levam à formação de uma camada privilegiada nos escritórios e repartições. Esses certificados apóiam as pretensões de seus portadores de intermatrimônios com famílias notáveis (nos escritórios comerciais as pessoas esperam naturalmente a preferência em relação à filha do chefe), as pretensões de serem admitidos em círculos que seguem "códigos de honra", pretensões de remuneração "respeitável" em vez da remuneração pelo trabalho realizado, pretensões de progresso garantido e de pensões na velhice e, acima de tudo, pretensões de monopolizar cargos social e economicamente vantajosos. Quando ouvimos, de todos os lados, a exigência de uma adoção de currículos regulares e exames especiais, a razão para isso é, decerto, não uma "sede de educação" surgida subitamente, mas o desejo de restringir a oferta dessas posições e de sua monopolização pelos donos dos títulos educacionais. Como a educação necessária à aquisição do título exige despesas consideráveis e um período de espera de remuneração plena, essa luta significa um recuo para o talento (carisma) em favor da riqueza, pois os custos "intelectuais" dos certificados de educação são sempre baixos, e com o crescente volume desses certificados os custos intelectuais não aumentam, mas decrescem. [...] Por trás de todas as discussões atuais sobre as bases do sistema educacional, se oculta em algum aspecto mais decisivo a luta dos "especialistas" contra o tipo mais antigo de "homem culto". Essa luta é determinada pela expansão irresistível da burocratização de todas as relações públicas e privadas de autoridade e pela crescente importância dos peritos e do conhecimento especializado. Essa luta está presente em todas as questões culturais íntimas (WEBER apud RODRIGUES, 2003, p. 80).

1.4 Para além da Sociologia da Educação: uma Sociologia aplicada à Educação

Como vimos, a Sociologia tem contribuído para pontuar e problematizar o papel social da Educação, dito de outra forma, as teorias sociológicas contribuem com um olhar crítico sobre os fins, as significações e as implicações dos processos educacionais em uma sociedade, de forma a desnaturalizá-los, expondo seu contexto histórico, político e cultural.

Buscaremos observar como esse olhar sociológico pode ser aplicado aos projetos educacionais em curso em nosso país, priorizando a maneira como eles compartilham e colaboram com os ideais nacionais de desenvolvimento.

Almejamos extrapolar a Educação em si como nosso objeto de estudo e análise, pois teremos como foco as complexidades da relação entre o significado social dado aos programas e metas do sistema educacional brasileiro e o projeto nacional de desenvolvimento.

> Mesmo quando a consciência individual não guarde mais mistérios para nós, mesmo quando a psicologia for uma ciência acabada, ela não nos poderá informar quanto aos *fins de educação*. Só a sociologia nos auxiliará a compreendê-los, seja relacionando-os com os estados sociais de que dependem e que exprimem, seja para nos auxiliar a descobri-los, quando a consciência pública, conturbada e incerta, não saiba mais quais devam ser esses fins. [...]
>
> Acrescento, para concluir, que o estudo social da educação surgiu em nossos dias. Quando uma sociedade se encontra em período de estabilidade relativa, de equilíbrio temporário, como, por exemplo, o da sociedade francesa do século XVII; quando, em conseqüência, um sistema de educação se tenha estabelecido por tempo igual, sem contestação alguma, as únicas questões importantes que aparecem são as de mera aplicação. Nenhuma dúvida grave se levanta, então, seja quanto aos fins a serem atingidos, seja quanto à orientação geral do ensino. Não pode haver controvérsia senão sobre a melhor maneira de pôr em prática os processos didáticos habituais, e tais dificuldades a psicologia, por si mesma, pode resolver.
>
> Que essa segurança intelectual e moral não é a de nossos dias – não será preciso assinalar. É, a um tempo, a miséria e a grandeza do momento histórico que vivemos. As transformações profundas que as sociedades contemporâneas têm experimentado, e estão para experimentar, necessitam de transformações correspondentes nos *planos de educação*. Se sentimos que essas transformações são fatais, não sabemos, porém, de maneira precisa, quais serão elas. Quaisquer que possam ser as convicções particulares dos indivíduos ou dos partidos, a opinião pública continua indecisa e ansiosa. O problema pedagógico já não nos aparece com a mesma serenidade que se propunha aos homens do século XVII. Não se trata de realizar idéias formadas, mas de encontrar mesmo idéias que nos guiem. E como descobri-las se não remontarmos até à origem mesma da vida educativa, isto é, à evolução da vida social?

> É à sociedade, pois, que devemos interrogar; são as suas necessidades que devemos conhecer, porquanto a elas é que nos cumpre atender. Limitar-nos a olhar para dentro de nós mesmos, seria desviar nossos olhos da realidade que nos importa atingir, e isso nos colocaria na impossibilidade de nada compreender do movimento que arrasta o mundo, ao redor de nós e nós próprios com eles.
>
> Não cremos, pois, obedecer a simples preconceito, nem cedemos a estima imoderada pela ciência que temos cultivado, afirmando que jamais a cultura sociológica foi tão necessária ao educador como hoje. Não é que a sociologia nos possa pôr à mão processos acabados, dos quais nos possamos servir sem maior exame.
>
> Existem, aliás, processos desse gênero?
>
> Mas a sociologia pode alguma coisa mais e com mais proveito. Pode fornecer-nos o de que mais instantemente temos necessidade: um corpo de idéias diretrizes que sejam a alma de nosso labor, e que o sustenham, dêem nítida significação à nossa atividade e nos prendam a ela. Tal condição é indispensável à proficuidade de toda e qualquer ação educativa.
>
> DURKHEIM, Émile. *Educação e Sociologia*. São Paulo: Melhoramentos, 1978. p. 90-91.

1.5 Referências

DURKHEIM, Émile. *Educação e Sociologia*. São Paulo: Melhoramentos, 1978.

_____. *A divisão do trabalho social*. Lisboa: Presença, 1985.

NISBET, Robert. The two revolutions. In: _____. *The sociological tradition*. New York: Basic Books, 1966.

QUINTANEIRO, Tânia et al. *Um toque de clássicos*: Marx, Durkheim e Weber. Belo Horizonte: Editora da UFMG, 2002.

RODRIGUES, Alberto Tosi. *Sociologia da Educação*. Rio de Janeiro: DP&A, 2003.

WEBER, Max. A ciência como vocação. In: _____. *Ensaios de Sociologia*. Rio de Janeiro: Guanabara, 1982.

Thais Santos Moya
Marisa Adriane Dulcini Demarzo
Valter Roberto Silvério

UNIDADE 2

Educação e desenvolvimento nacional

2.1 Primeiras palavras

As sociedades modernas compartilham objetivos e metas de desenvolvimento, sejam sociais ou econômicos, e para tanto elaboraram e executam estratégias e planos nas mais diversas áreas.

Nesta unidade discutiremos a Educação enquanto um instrumento político concebido, utilizado e orientado para a promoção do desenvolvimento nacional programado, visando compreender e problematizar quais são os seus valores condutores. Ou seja, buscar entender que os valores que fundam e conduzem as políticas educacionais resultarão no "Brasil" que queremos desenvolver, ou melhor, no tipo de país que queremos para nós e para nossas futuras gerações.

2.2 Educação para o desenvolvimento

Segundo Hélio Pontes (1969, p. 17), desenvolvimento significa mudança, ou melhor, um processo global, complexo e interdependente que atua sobre a sociedade transformando seus valores e normas. Os sistemas familiares, econômicos, jurídicos, as estruturas de classe, produção e poder se alteram diante das novas condições sociais e econômicas que a mudança gera.

Entretanto, tais transformações não são bem vindas pela elite dominante e estabelecida que, de maneira geral, age pela manutenção do *status quo*, ou seja, pela preservação das estruturas e dos valores sociais que a sustentam em sua posição de poder e prestígio (PONTES, 1969, p. 18).

> É, pois, natural, em primeiro lugar, que as camadas mais conservadoras desejem a manutenção do *status quo*. Conforme observa Edward S. Mason "é um erro pensar que o desenvolvimento goza de uma alta prioridade em todo o mundo não desenvolvido. Algumas populações, e em particular alguns grupos dominantes, definitivamente preferem o *status quo*." Em segundo lugar não sendo possível ou desejável, ainda do ponto de vista conservador, impedir ou estancar o desenvolvimento, o normal é que a classe dominante assuma o seu comando, como acontece em todos os países por desenvolver-se, para assegurar a sua própria perpetuação. [...] Detendo o controle do processo, a elite dominante não só assegura a sua condição hegemônica, como reduz os efeitos da transformação sobre seu complexo de interesses (PONTES, 1969, p. 18).

Como vimos na unidade anterior, a Educação tem uma forte característica conservadora, embora também possa promover transformações, o que faz dela um fundamental elemento político para o desenvolvimento social e econômico de uma nação.

Tal relação direta entre Educação e Desenvolvimento é apontada pelos pensadores sociais, tais como Florestan Fernandes, desde a década de 1950 até os dias atuais, como podemos ver a seguir:

> O grau de desenvolvimento em que se encontra um país tem sua expressão pedagógica ou escolar em índices numéricos, tais como a taxa de alfabetização da população, a percentagem da população em idade escolar que efetivamente freqüenta a escola, a duração da escolaridade média, e outros. Nos países desenvolvidos ou em processo de aceleração de seu desenvolvimento, observam-se tendências muito nítidas à eliminação do analfabetismo, à crescente escolarização da população infantil e adolescente, ao aumento progressivo da escolaridade média. [...] Em nenhum outro aspecto, porém, mais que no da educação, faz-se mister, para a formulação adequada dessa política, a compreensão exata das relações causais envolvidas no processo do desenvolvimento econômico e social (BASTOS, 1957, p. 30).

> Deixando de satisfazer necessidades psico-culturais e socioeconômicas que variam regionalmente, o sistema educacional brasileiro deixa de preencher funções socializadoras que condicionam, inevitavelmente, o equilíbrio e o ritmo do desenvolvimento da sociedade brasileira (FERNANDES, 1959, p. 43).

> A observação mais particularizada do que ocorrera em determinados países dava também a presunção e um certo grau de evidência histórica do papel da educação como um dos principais pré-requisitos para efetivação e manutenção do desenvolvimento econômico. [...] Foram assim, gradualmente, amadurecendo os conceitos de educação como instrumento de política econômica, manifestável por duplo aspecto: como *bem de consumo*, com efeito direto no padrão de vida; como *bem de produção*, produzindo impacto direto na eficiência da produção. Ambos os aspectos perduráveis por toda a vida do educado, representando o que se poderia definir como um *investimento a longo prazo* (ABREU, 1969, p. 89-90, grifos do autor).

> A sustentabilidade do desenvolvimento socioeconômico está diretamente associada à velocidade e à continuidade do processo de expansão educacional. Essa relação direta se estabelece a partir de duas vias de transmissão distintas. Por um lado, a expansão educacional aumenta a produtividade do trabalho, contribuindo para o crescimento econômico, o aumento de salários e a diminuição da pobreza. Por outro, a expansão educacional promove maior igualdade e mobilidade social, na medida em que a condição de "ativo não-transferível" faz da educação um ativo de distribuição mais fácil do que a maioria dos ativos físicos.

> Além disso, devemos observar que a educação é um ativo que pode ser reproduzido e geralmente é ofertado à população pobre por intermédio da esfera pública. Essas duas vias de transmissão, portanto, tornam transparente que, do ponto de vista econômico, a expansão educacional é essencial para fomentar o crescimento econômico e reduzir a desigualdade e a pobreza.

[...] O reconhecimento dos dilemas estratégicos da transição educacional brasileira não deve, contudo, alimentar o ceticismo ou imobilismo na condução da política social brasileira (BARROS, HENRIQUES & MENDONÇA, 2000, p. 6).

A partir disso, percebemos que se estabeleceu certa tradição em correlacionar os índices sobre a educação de uma sociedade e a qualidade de seu desenvolvimento econômico e social. Ou seja, quanto melhor o desempenho educacional de um país, melhor seria seu desenvolvimento.

Não há por que negarmos a importância de uma educação de qualidade ou a necessidade de uma sociedade se desenvolver de acordo com suas metas almejadas e estabelecidas. No entanto, devemos questionar que tipo de educação reproduzimos e de qual projeto de desenvolvimento nacional ela faz parte.

Visto desse ângulo, perguntar e problematizar os objetivos e valores embutidos e disseminados pelo projeto educacional em vigor é também perguntar que "Brasil" está sendo consolidado. E mais, é perceber para quem, ou melhor, quais grupos sociais compartilham e vivenciam os bons resultados desse desenvolvimento e quais grupos permanecem à margem, discriminados material e simbolicamente do plano ideal de desenvolvimento e integração social do país.

Educação e Desenvolvimento

Quando a UNESCO e a OCDE (Organização para a Cooperação e o Desenvolvimento Econômico) divulgaram, em junho deste ano, uma avaliação, realizada em 41 países, sobre o desempenho de estudantes na faixa de 15 anos de idade, trouxe à tona não só as discrepâncias na área educacional entre países ricos e aqueles pobres e em desenvolvimento, mas, principalmente, as diferenças significativas entre algumas nações que enfrentaram o desafio das áreas de educação, ciência e tecnologia e as que deixaram de fazer os investimentos necessários.

Ao analisar países bem-sucedidos, como a Irlanda, a Espanha e a Coréia do Sul, que há 30 anos enfrentavam sérias dificuldades sócio-econômicas, notamos que em comum são nações que fizeram o dever de casa, priorizando o ensino de qualidade de sua população. Como recompensa, são países que registram hoje alto nível educacional, crescimento econômico, aumento da renda da população, maior volume de exportações e melhoria no nível do emprego, além de respeito internacional. Já alguns países como o Brasil e o Peru, que deixaram de promover as reformas educacionais na devida época, apareceram na pesquisa com resultados insatisfatórios e preocupantes.

A avaliação é um bom termômetro para analisarmos o quanto os investimentos em educação, ciência e tecnologia podem ser decisivos para o desenvolvimento humano, social e econômico de um povo, sobretudo em países onde a exclusão social é mais gritante. Sabemos que, no Brasil, existem enormes desafios a serem superados, como a falta de recursos financeiros suficientes, mas o próprio exemplo dos países "vitoriosos" mostra que a revolução é possível. Ao analisar a pesquisa, o Ministro da Educação, Cristovam Buarque, observou que quando tais países fizeram a opção pela educação como setor prioritário, também passavam por dificuldades, assim como o Brasil hoje. "A diferença é que contaram com uma coalizão suprapartidária capaz de construir a vontade política necessária para definir a prioridade nacional. O Brasil também pode", atesta Cristovam.

Para isso é necessário, porém, que o Brasil empreenda reformas educacionais urgentes que resultem na garantia do acesso generalizado à educação básica, no fim da cultura da repetência escolar, na melhoria da qualidade do ensino, na valorização do professor, na modernização da educação profissional e superior e no combate ao analfabetismo dentre outras relevantes medidas. Uma importante iniciativa de combate ao analfabetismo foi dada pelo Governo Federal ao lançar, em setembro, o Programa Brasil Alfabetizado, que pretende erradicar o analfabetismo do País em poucos anos.

Mas é preciso que a sociedade em geral, comunidade, políticos, Organizações Não-Governamentais e iniciativa privada assumam um pacto nacional pela educação, que se traduza em um grande movimento brasileiro em prol da educação. Só com uma grande coalizão nacional será possível superar o conflito vivido hoje pelos países menos desenvolvidos na área de educação. Tais nações vivem um dilema: precisam resolver problemas não solucionados do século XX e correm contra o tempo para assumir os desafios emergentes que surgem com o século XXI, dos quais dependem o crescimento econômico, a equidade social e a integração cultural em um mundo globalizado e cada vez mais competitivo.

Como, por exemplo, universalizar a inclusão digital e assegurar o acesso a novas tecnologias de informação e comunicação em lugares onde ainda existem crianças fora da escola, jovens e adultos analfabetos? Não dá para abandonar uma causa e priorizar a outra. Ambas iniciativas são igualmente importantes e precisam ser enfrentadas com vigor pelos governos, pela sociedade e pelos países que reconhecem a importância da cooperação internacional como caminho para se diminuir a pobreza e a exclusão social no mundo. Os países mais ricos poderiam dar grande contribuição à educação das nações menos desenvolvidas, sobretudo se fosse aceita a proposta brasileira de conversão de parte do pagamento da dívida externa em investimentos nas áreas de educação, ciência e tecnologia. A proposta foi apresentada durante a 32ª Conferência Geral da UNESCO, em Paris.

Como bem lembrou o Diretor Geral da UNESCO, Koichiro Matsuura, em palestra sobre "Educação para Todos e Desenvolvimento Sustentável nos Países Menos Desenvolvidos", proferida em Bruxelas, em 2001, "a educação deixou de ser apenas um direito fundamental consagrado na Declaração Universal dos Direitos Humanos, a que todo ser humano pode aspirar, legitimamente, para a sua realização pessoal. Ela passou a ser precondição essencial para qualquer tipo de desenvolvimento, para a redução da taxa de desemprego e da pobreza, para o progresso social e cultural, para a promoção de valores democráticos e para o estabelecimento de uma paz duradoura".

WERTHEIN, Jorge. Educação e Desenvolvimento. *Revista Linha Direta*, São Paulo, ano 6, n. 68, nov. 2003. Disponível em: <http://www.jorgewerthein.com/site/index.php?option=com_docman&task=doc_download&gid=14&Itemid=>. Acesso em: 10 set. 2009.

2.3 Educação e desenvolvimento nacional: algumas considerações sobre o caso brasileiro

Estamos em tempos de árduos debates acerca das relações étnico-raciais no Brasil. À medida que os anos passam essa discussão se mostra cada vez mais presente, sob ângulos diversos, nas rodas de conversa dos/as brasileiros/as, sobretudo para aqueles/as responsáveis por formular e implementar políticas públicas em diferentes áreas de atuação, que afetam diretamente o cotidiano das pessoas, tais como assistência social, cidadania, saúde e educação.

Todavia, não é de hoje que esse tema faz parte das projeções políticas do país, ao contrário, é um assunto privilegiado já há muito tempo. Não obstante, se hoje existe uma tendência, por alguns grupos de atuação política, em atribuir uma perspectiva positiva ao trato com as relações étnico-raciais, nem sempre foi assim, sendo a população não branca, especialmente nas primeiras décadas do século XX, um problema a ser resolvido para o país em consolidação, que acabara de se tornar uma república.

Não é fácil visualizarmos de que forma as relações étnico-raciais estiveram presentes no pensamento de intelectuais, professores/as, políticos, do início do século XX, isso porque as ações empreendidas para a população nesse período não se dispuseram a olhar os problemas raciais existentes nas relações sociais, buscando soluções por meio de estratégias de combate ao racismo, mas, pelo contrário, havia a propensão em se tratar as populações negras como obstáculo para a construção de um Brasil moderno. Todavia, como tornar registro histórico esse posicionamento político em um país que se vangloria por sua mistura racial? Assim, ao estudarmos a história do Brasil, esse assunto ficou subsumido, como se nem mesmo existissem negros/as e indígenas no Brasil e, claro, racismo.

Esse entendimento é importante para nos situarmos diante desse debate, uma vez que para compreendermos de que forma o racismo está presente dentro da escola hoje e formularmos estratégias para combatê-lo, reeducando as relações étnico-raciais, é imprescindível que revisemos nossa própria história, sobretudo a história da educação no Brasil. A partir disso, teremos possibilidades de compreender como as instituições escolares sempre estiveram ligadas às metas e fins da formação educacional e como esses objetivos se imbricavam aos diferentes grupos étnico-raciais, particularmente à população negra e indígena.

Como veremos mais atentamente no próximo tópico, em meados do século XX o Brasil estava estreitamente apoiado por teorias racistas cunhadas desde o século XVIII na Europa, que tinham como base conceitual pressupostos que endossavam a existência de diferenças biológicas entre os diferentes grupos humanos, a contar pelas características regionais e fenotípicas de cada grupo.

Essas diferenças eram postas em uma classificação hierárquica, que colocava as sociedades brancas em um patamar superior àquele das sociedades não brancas. Uma dessas correntes de pensamento foi a eugenia, cuja forma de atuação mais radical era a tentativa de impedir a mistura genética entre os diferentes grupos étnico-raciais, para que não houvesse a degeneração racial.

No Brasil, a eugenia exerceu papel preponderante nos rumos traçados pela nação, uma vez que a intelectualidade brasileira pretendia formar um país que se assemelhasse ao máximo às características das sociedades europeias. Um exemplo dessa empreitada foi o fato ocorrido em 1938, quando o então ministro de Educação e Saúde, Gustavo Capanema, fez uma encomenda a um artista plástico solicitando uma escultura que representasse o homem brasileiro.

Ao receber a obra de arte, no entanto, o ministro assustou-se, já que a aparência da escultura, um homem mestiço advindo de área rural, não era aquela esperada por Capanema, que afirmou ser esse arquétipo a representação do homem do passado, já que o futuro brasileiro era forte e branco (DÁVILA, 2006, p. 49).

Esse era um dos projetos com base eugênica que rondava o pensamento dos intelectuais da época: branquear o Brasil por meio da reprodução da carga genética branca, que traria o desenvolvimento e o progresso a toda a nação brasileira. Mas no Brasil, um país com uma grande diversidade racial, como seria possível um projeto com esse propósito? Esse foi um dos grandes desafios que permearam os debates da política brasileira em meados do século XX, e é aí que entra a educação e o papel que ela poderia exercer para que fossem atingidos tais objetivos.

Por muito tempo, a raça foi entendida como uma patologia e, sendo assim, poderia ser tratada à medida que se encontrassem suas causas. Nas alas menos radicais dos eugenistas havia a crença de que por meio do trato educacional, higiênico e ambiental das pessoas, os predicados para uma raça elevada poderiam ser alcançados.

A educação, a partir dessa perspectiva, ganha uma função essencial, uma vez que, por meio dela, entre outras atribuições, seria possível identificar e classificar os diferentes grupos étnico-raciais, aos quais seriam destinadas diferentes instruções educativas, sempre buscando a elevação da raça. Entre muitos casos que ocorreram no Brasil para encontrar essas diferenças tem-se o ocorrido, por exemplo, na Escola Normal de São Paulo, em 1914, quando é criado um gabinete e um laboratório de pedagogia experimental e contratado um "especialista" italiano para realizar testes com crianças.

Respaldada por categorias científicas, a pedagogia poderia ser considerada ciência e, assim, possuir o mérito para fazer medições e tirar conclusões psicossociais sobre os/as alunos/as. Dessa forma, pretendia-se analisar individualmente cada criança e atribuir, a partir dos resultados obtidos, que tipo de educação essa criança deveria receber.

Esses resultados eram compilados e entregues ao governo do estado em um documento chamado Carteira Biográfica Escolar. É importante notarmos, sobretudo, que essas categorias eram respaldadas pela ciência. Os/as alunos/as eram analisados a partir de cinco tópicos: compleição física, tipo racial, traços morais, marcas de hereditariedade e ambiente familiar. A partir dessa análise, elas podiam se encaixar em um dos três seguintes resultados: normalidade, anormalidade ou degenerescência (CARVALHO, 1997, p. 273).

A degenerescência racial foi adequada aos moldes brasileiros, já que o país não conseguiria, ao menos a curto e médio prazo, extinguir a população não branca, uma vez que comportávamos um grande número dos grupos ditos inferiores. O problema, assim, passou a ser visto sob dimensões culturais e sociais e o caminho na busca do desenvolvimento e da civilização era o aniquilamento de todas as raízes históricas e culturais indígenas e africanas que levariam a nação ao atraso. A educação, assim, seria um bem valioso para se atingir tais objetivos, pois a ela seria conferida a missão de levar a cultura superior aos mais remotos lugares do país. As várias reformas educacionais ocorridas em meados do século XX em todo o Brasil, que aparentemente exerciam uma função estritamente democratizante, na verdade tinham como meta, por meio da escolarização dirigida, a erudição cultural de negros e pobres.

O grande movimento que caracterizou esse momento foi a elaboração do documento conhecido como Manifesto dos Pioneiros da Escola Nova, redigido em 1932 por intelectuais, artistas e políticos que traziam como bandeira a democratização do acesso à escola a todas as classes sociais, bem como sua laicização, ficando como encargo do Estado a responsabilidade de expansão das instituições escolares e a reforma do ensino.

Num dos trechos do documento podemos observar como a educação ganha uma função preponderante nessa empreitada do desenvolvimento civilizatório, ao apontar que as universidades teriam a função de selecionar os mais capazes intelectualmente e portadores de substantiva "cultura" para a construção da sociedade projetada aos moldes europeus.

> [...] Se o problema fundamental das democracias é a educação das massas populares, os melhores e os mais capazes, por seleção, devem formar o vértice de uma pirâmide de base imensa. Certamente, o novo conceito de educação repele as elites formadas artificialmente "por diferenciação econômica" ou sob o critério da independência econômica, que não é nem pode ser hoje elemento necessário para fazer parte delas. Mas, não há sociedade alguma que possa prescindir desse órgão especial e tanto mais perfeitas serão as sociedades quanto mais pesquisada e selecionada for a sua elite, quanto maior for a riqueza e a variedade de homens, de *valor cultural substantivo, necessários para enfrentar a variedade dos problemas que põe a complexidade das sociedades modernas.*
> Essa seleção que se deve processar não "por diferenciação econômica", mas "pela diferenciação de todas as capacidades", favorecida pela educação, *mediante a ação biológica e funcional*, não pode, não diremos completar-se, mas nem sequer realizar-se senão pela obra universitária que, elevando ao máximo o desenvolvimento dos indivíduos dentro de suas aptidões naturais e selecionando os mais capazes, lhes dá bastante força para exercer influência efetiva na sociedade e afetar, dessa forma, a consciência social (AZEVEDO, 2009, grifos nossos).

Nesse sentido, vemos que as reformas educacionais e o próprio nascimento das universidades surgem numa proposta de ação segregacionista, que não estava preocupada em abarcar a diversidade de histórias, experiências, manifestações artísticas e culturais, diferentes visões de mundo, pensamentos, linguagens e religiões. Ao contrário, o que se buscava era a uniformização das pessoas, educando-as a aderirem modos de vida e valores adequados ao Brasil moderno, ou seja, culturalmente brancas. Vale ressaltar que o próprio Manifesto coloca os/as educadores/as como membros importantes dessa elite culta, já que seriam eles/as os/as responsáveis pela instrução do comportamento branco de alunos/as negros/as e pobres.

Se pensarmos em termos históricos, essa trajetória é ainda bastante recente e não podemos nos dar ao direito de dizer que ela não existe mais em nossos pensamentos e ações, particularmente às de dentro da escola. A negação da diversidade foi sendo perpetuada ao longo das décadas, fazendo com que crianças classificadas como diferentes, negativamente, fossem rechaçadas de diferentes maneiras em seus modos de vida, em sua estética, em sua história e sua cultura. A escola, espaço privilegiado de socialização, continua a exercer um papel importante na história social das crianças e jovens, mas nem sempre essa trajetória é concebida por lembranças e aprendizagens positivas.

A diferenciação a partir de ideias racistas, ou seja, por meio da crença na existência de características biológicas que garantiriam ao ser humano habilidades e capacidades diferentes, e com isso, tratamento também diferenciado, faz com que repensemos com urgência as práticas escolares e reeduquemos as relações étnico-raciais. Para isso, é também preciso perceber como essas ideias preconceituosas se materializam, ou seja, como o racismo se manifesta na prática dentro da escola, transformando-se propriamente na discriminação.

2.4 A formação e o desenvolvimento da Nação brasileira: um percurso pelos estudos das relações raciais

A formação do Estado Nacional Brasileiro, assim como outras sociedades que passaram pela experiência da colonização, foi fundamentalmente marcada por um processo de racialização que resultou na constituição do negro como um sujeito outro, desprovido dos requisitos socialmente construídos de normalidade[1]

---

1 O significado de normalidade corrente nos dias atuais tem sua origem nas produções de Auguste Comte (início do século XIX), nas quais o autor buscou conhecer as "leis normais" do funcionamento social, atribuindo ao conceito "normal" a denotação de algo que é mais recorrente e constituinte de uma média mensurável. Canguilem (1995 apud MISKOLCI, 2005, p. 14), entretanto, demonstrou como esse processo de definição "comtiana" de normal e anormal foi orientando por uma preconcepção de patológico do autor.

e prestígio social. A colonização portuguesa no território brasileiro, como a maioria das colonizações pré-modernas (até o século XIX), esteve fundamentada no modelo escravocrata, o qual se apropriou do trabalho, da humanidade e da subjetividade dos seus escravizados. Silvério (2004, p. 40) afirma que os períodos coloniais difundiram hegemonicamente "uma clara perspectiva de definir o não-branco como não-civilizado (que se confundia com a condição de não-humano), portanto, bárbaro necessitando ser submetido a um longo processo 'civilizatório' por meio da escravização".

Esse processo civilizador do Brasil consolidou-se, principalmente, a partir da preocupação estatal e intelectual do final do século XIX e início do século XX em viabilizar a nação brasileira diante da sua configuração entendida como racial e geograficamente inferior. Autores como Nina Rodrigues e Silvio Romeiro construíram teorias explicativas da formação nacional brasileira, que expunham a preocupação da real viabilidade de tal projeto, tendo em vista a grande quantidade de negros e indígenas (nativos), estes entendidos como selvagens e inferiores aos brancos europeus; somado aos obstáculos naturais do meio ambiente tropical também entendido como inferior em relação ao território e ao clima europeu (ORTIZ, 1985, p. 17).

Esse desafio de viabilizar a nação brasileira deve ser compreendido a partir da concepção biológica e essencialista de nacionalidade[2] vigente naquele tempo, que era percebida e praticada por meio de uma produção de conhecimento que naturalizava os problemas sociais, mais tarde denominada de *darwinismo social*.

A grande presença de pessoas negras e a crescente miscigenação populacional eram interpretadas como um empecilho para evolução nacional, pois os discursos eugênicos, emergentes inclusive nas teorias sociais, concebiam cientificamente tais características como degenerativas[3] e responsáveis pelo insucesso da nação brasileira. Dito de outra forma, a eugenia constituiu-se uma ciência do nacionalismo que objetivou nacionalidade como sinônimo de raça (MISKOLCI, 2005, p. 18).

As políticas públicas que visaram o embranquecimento e a higienização da população brasileira, que se configuraram durante um período de rápida urbanização e crescimento vegetativo, estavam ideologicamente enraizadas nessa corrente eugênica do pensamento social (BORGES, 2005), mas, segundo Stepan

---

[2] Esse discurso científico, de cunho racial essencialista, preocupado com a viabilização nacional brasileira, já estava presente na primeira metade do século XIX (1844) quando o Instituto Histórico e Geográfico Brasileiro lançou a pergunta "Como escrever a história do Brasil?" por meio de um concurso e teve como vencedor um naturalista alemão, Karl Friedrich Phillipp Martius, o qual afirmou que a única viabilidade histórica nacional do Brasil seria por meio da fusão das três raças: europeia, indígena e africana (SCHWARCZ, 2000, p. 112).

[3] "A degeneração era considerada um desvio da normalidade de fundo hereditário e sem cura" (MISKOLCI, 2005, p. 18). Nota-se, portanto, uma concepção que hierarquiza as diferentes raças, que naquele momento eram entendidas biologicamente.

(2005), orientadas por uma perspectiva menos rígida de hereditariedade, que combinava fatores internos (raciais) e externos (meio ambiente), fato que determinou práticas de aprimoramento e adequação racial menos violentas e segregadas, em comparação com as práticas[4] que ocorreram em países que partilhavam da corrente eugênica "mendeliana", que se restringia ao fator biológico-racial, excluindo a influência do ambiente externo.

É importante perceber que o discurso e a prática de branqueamento no Brasil não se restringiram ao incentivo estatal à imigração europeia, mas enredou-se por toda a sociedade, significando a "desvalorização de uma estética, cultura e história negra em favor de uma estética, cultura e história branca" (BERNARDINO-COSTA, 2004, p. 17).

Todavia, esse objetivo de embranquecer a população e a cultura brasileira perpassava pelo perigo degenerativo da mestiçagem, que para Nina Rodrigues representaria a falência nacional (SCHWARCZ, 1999). Outros intelectuais, no entanto, viam no mestiço a especificidade da sociedade brasileira, componente imprescindível para a formulação da identidade nacional, já consolidada como a preocupação capital dos intelectuais.

Essa preocupação também foi a de Gilberto Freyre, mas por ele pensada numa perspectiva cultural e não mais biológica ou do racismo científico, graças à influência e à orientação teórica de Franz Boas. Em *Casa Grande & Senzala* (1933), o autor inaugurou uma possibilidade de interpretação da sociedade multirracial brasileira positivando a mestiçagem, fazendo dela simultaneamente nacional e distintiva,[5] porém pouco discutiu o seu viés hierárquico, ressaltando apenas suas características de tolerância e sociabilidade, constituindo uma nacionalidade em que seus símbolos são pautados pela mistura de raça e cultura e que, consequentemente, é caracterizada como um modelo de cordialidade e harmonia entre os seus cidadãos.

> Do início da fase republicana, em 1889, até meados do século XX, a mestiçagem é transformada de malefício que acometia todo o país em tábua de salvação para a construção da nação. O mestiço é alçado à condição de símbolo nacional representando tanto a "harmonia racial" quanto a possibilidade de embranquecimento paulatino da nação (SILVÉRIO, 2004, p. 41).

Para Sales Jr. (2006), o "mito da Democracia Racial" instaurou-se pelo deslocamento do discurso racial (racista ou não) do âmbito do discurso "sério"

---

4 Esterilização, segregação sexual e racial compulsória e eutanásia são exemplos dessas práticas (STEPHAN, 2005).
5 As relações mestiças brasileiras contrariaram positivamente a ordem segregacionista estabelecida no mundo moderno, ordem esta que corporificou o racismo e suas práticas, ou seja, segregação tornou-se sinônimo ou evidência de racismo. Desse modo a formação social brasileira destoava como uma sociedade que se misturava, consequentemente como uma nação em que não haveria racismo, tornando-se um exemplo e um ideal para o restante dos países.

(argumentativo, racional, formal e público), constituindo o que o autor denominou de "desconhecimento ideológico". O desconhecimento não é "ausência" de conhecimento, ignorância passiva, mas, demarcadas as questões relevantes, marginaliza saberes tidos como irrelevantes, falsos problemas, sem-sentidos. O discurso racial, então, entrincheirou-se no discurso "vulgar" (passional, informal e privado), por meio da forma do não dito racista que se consolidou, intimamente ligado às relações "cordiais", paternalistas e patrimonialistas de poder, como um pacto de silêncio entre dominados e dominadores (SALES Jr., 2006, p. VI).

No entanto, essa convicção de uma nacionalidade mestiça encarnou nos brasileiros, por meio do ideal da democracia racial, o não reconhecimento da existência e, consequentemente, da relevância das raças na formação e na dinâmica social brasileira, estas entendidas como cordiais e assimilacionistas. Esse não reconhecimento das raças resultou na dedução da inexistência do racismo, ou melhor, confiaram que um suposto antirracialismo promoveria o antirracismo no país. Entretanto, sorrateiramente as práticas racistas permaneceram (e permanecem) marginalizando, simbólica e materialmente, os negros. Pois como diz Appiah (1997), o racialismo não provoca necessariamente o racismo e nem o antirracialismo implica em antirracismo.

> Ironicamente, foi feita uma síntese singular entre estes dois princípios (democracia racial e o ideal do embranquecimento), a saber, a miscigenação era positivada desde que tivesse como resultado o gradual desaparecimento das pessoas negras. Como resultado desta fusão entre o mito da democracia racial e o ideal de branqueamento, desenvolveu-se um antirracismo no Brasil, cuja principal ação consistia na recusa em falar de raça (BERNARDINO-COSTA, 2004, p. 17).

Essa construção ideológica da democracia racial que versa o Brasil como uma nação mestiça que fundiu harmonicamente as raças e as culturas presentes em seu território o consolidou internacionalmente como uma referência de convivência racial. Tal concepção estabeleceu-se quase que incontestavelmente até meados da década 1950, quando um conjunto de pesquisadores, financiados pela Unesco, constatou intensas evidências de discriminação racial no país. Inaugurou-se, portanto, uma série[6] de investigações de base demográfica e quantitativa que demonstraram como as desigualdades entre brancos e negros retratavam um componente racial inquestionável, contestando a imagem de um modelo de relações raciais cordial ou de discriminações suaves, ao contrário, apontaram a existência de discriminação em graus e esferas diferentes.

---

6 Cf. Costa Pinto (1953); Nogueira (1955); Bastide & Fernandes (1959); Fernandes (1965); Hasenbalg (1979); Valle Silva (1980); Lovell (1989); Andrews (1992); Henriques (2001).

Vale ressaltar que a partir do pós II Guerra Mundial e suas consequências, como o holocausto, a validade social e científica do conceito "raça" é colocada em rediscussão pela "sociedade acadêmica" com vistas à sua desautorização no meio científico, pois além do sentimento quase global de repulsa pelos resultados trágicos do racismo eugênico durante a guerra, o desenvolvimento das ciências biológicas invalidou a fundamentação inicial do conceito, desmentindo a existência de diferenças biológicas suficientes para distinguir os seres humanos em raças. As ciências sociais, portanto, entram num conflito terminológico que, como veremos a seguir, persiste no debate atual.

Florestan Fernandes (1965) argumentou que mesmo após a abolição do escravismo a sociedade brasileira preservou do antigo regime um sistema de estratificação racial e subordinação do negro e que esse sistema arcaico de relações raciais só desapareceria quando a ordem social competitiva se desvencilhasse das distorções resultantes da concentração racial de renda, poder e privilégio. Para tanto, seria necessário, segundo o autor, um intenso desenvolvimento econômico e a plena constituição da ordem social competitiva, pois a democracia racial autêntica implicaria que os negros alcançassem posições de classe equivalentes àquelas ocupadas pelos brancos.

Carlos Hasenbalg (1979) criticou tal "perspectiva econômica" de Florestan Fernandes dizendo que suas deformidades decorreram de uma idealizada concepção de ordem social competitiva e da debilidade de conceituar o preconceito e a discriminação racial como sobreviventes do antigo regime. Este, segundo o autor, não permaneceu intacto, pois sofreu transformações dentro da estrutura social. Dito de outra forma, a sociedade capitalista confere uma nova função às práticas racistas, desqualificando os não brancos da competição pelas posições privilegiadas. Portanto, as desigualdades entre brancos e negros não podem ser explicadas pela herança escravagista nem pelo posicionamento de classes distintas, mas sim pela diferença de oportunidades de vida e de formas de tratamento características a esses grupos raciais.

É imprescindível salientar a ativa participação do movimento social negro[7] nesse momento da história antirracista do país. Até então, a militância negra objetivava a assimilação dos negros na sociedade por meio do combate ao racismo velado e pela promoção da mobilidade social dos negros com o surgimento de maiores e melhores oportunidades no sistema educacional e no mercado de trabalho. Entretanto, a partir da década de 1980,[8] houve uma reorientação ideológica

---

7 Movimento social negro pode ser compreendido "como o conjunto de entidades negras, de diferentes orientações políticas, que têm em comum o compromisso de lutar contra a discriminação racial e o racismo e acreditam na centralidade da educação para a construção de uma identidade negra positiva" (RODRIGUES, 2004, p. 1).
8 Período referente à rearticulação política pós-ditadura do Movimento, a partir da criação do Movimento Negro Unificado em 1978 e do Conselho da Comunidade Negra em 13 de maio de 1984. Guimarães (2006, p. 277) argumenta que a partir de 1990 o Movimento Negro organiza-se principalmente por inúmeras Organizações Não Governamentais.

no movimento que inicia uma construção de uma identidade coletiva do negro e por meio da ideia da diferença, e não mais pela assimilação, busca, assim como diversos movimentos identitários que surgem no período, estratégias para disputar e conquistar direitos coletivos (MUNANGA, 1996, p. 85). O que inclui, além do direito e o respeito de suas diferenças (combate às discriminações e aos preconceitos), as políticas de reconhecimento, reparação e valorização das diferenças (BRASIL, 2004, p. 7).

Ainda nessa época o movimento negro iniciou uma articulação nacional de combate e "desconstrução" do ideário da democracia racial, reivindicando a ancestralidade africana do negro brasileiro e reintroduzindo o conceito raça no discurso sobre a nacionalidade brasileira. Embora desde a década de 1950 esse ideário democrático racial tenha sido rebatido é válido lembrar que no âmbito estatal ele permaneceu inalterado, fundamentando e justificando a inação governamental diante da discriminação racial e de suas consequentes desigualdades.

O problema, portanto, não é mais a existência ou não da discriminação racial, mas como combater as suas diferentes faces – o que inclui uma antiga discussão: a validade do conceito raça como variável explicativa e instrumento de análise da sociedade brasileira. Essa discussão é fundamental para compreendermos os julgamentos sobre as políticas de ação afirmativa com critério racial – o que inclui as cotas – dos cientistas sociais da atualidade.

Sérgio Costa (2002) desenvolve um diálogo crítico com teóricos que, segundo suas palavras, "procuram fazer da idéia de raça uma categoria geral de análise da sociedade brasileira" (COSTA, 2002, p. 39) e cita, entre outros, Antônio Sérgio Alfredo Guimarães.

Esses dois autores são importantes no debate atual porque caracterizam em seus argumentos duas vertentes cruciais – com algumas ressalvas da concepção de formação da identidade nacional e da viabilidade do uso do conceito raça para compreender a dinâmica social brasileira.

Costa (2002) entende que o viés racial para entender a formação da nação brasileira leva a uma interpretação reducionista do ideário nacional de dimensões múltiplas construído a partir da década de 30, concebido pelo autor como um "manifesto de (re)fundação da nação", dito de outra forma, o ideário do Brasil inclusivo e capaz de integrar harmonicamente as diferenças não deve ser entendido como uma ideologia racial, mas como uma ideologia nacional multidimensional. Entretanto, esse discurso de gênese nacional que evita a raça não se refere necessariamente a uma "ideologia anti-racista ou mesmo que ela seja neutra com relação à permanência das desigualdades raciais" (COSTA, 2002); e para a identificação destas o autor admite o uso do conceito raça como um recurso metodológico indispensável. O problema, para o autor, está no uso polarizado (brancos-negros) do conceito como chave interpretativa da sociedade brasileira, pois outros fatores disputam com a raça como determinantes estruturais das desigualdades sociais no país.

Seguindo um raciocínio semelhante, autores como Peter Fry e Yvone Maggie tendem a interpretar a "democracia racial" como um elemento fundador da formação nacional brasileira que deve ser objetivado como um ideal, ou melhor, como um conjunto de valores condutores a um projeto de um Brasil antirracista. Tais autores admitem a existência da discriminação racial e de suas consequentes desigualdades, mas repudiam, assim como Costa (2002),[9] o uso analítico da categoria raça, entendida sem real significação na sociedade brasileira, pois para eles não cabe ao cientista social inventar categorias analíticas que se sobreponham à maneira como os atores sociais constituem seu mundo de significados. Nesse sentido, afirmam que a bipolarização entre brancos e negros defendida pelo movimento negro e a identificação racial exigida pelas políticas de ação afirmativa correspondem a um discurso externo e confrontante à matriz nativa brasileira, constituída pelo seu mito fundador, a democracia racial.

Para Guimarães (2005), entretanto, a nação brasileira foi constituída por um ideal de homogeneidade que pressupõe a negação das diferenças, ou seja, "nada fere mais a alma nacional, nada contraria mais o profundo ideal de assimilação brasileiro que o cultivo das diferenças" (GUIMARÃES, 2005, p. 61), caracterizando-se, assim, uma nação antirracialista, ou seja, que nega a concepção de raças. Entretanto, o autor argumenta que o antirracialismo não implica necessariamente em antirracismo e a falta dessa percepção pela sociedade brasileira acarretou na ampliação das desigualdades sociais entre brancos e negros, pois pouco se fez politicamente para reverter a marginalidade social destes, reproduzindo uma hierarquia racial e alimentando uma "série tropos sociais para a raça" (GUIMARÃES, 2005, p. 66).

Nesse sentido, para o autor, surge a necessidade de teorizar as raças como construtos sociais baseados numa fundamentação biológica errônea, socialmente eficaz apenas para construir, manter e reproduzir diferenças e privilégios. Portanto, raça torna-se um conceito analítico nominalista no sentido de que se refere a algo que orienta e ordena o discurso sobre a vida social e não apenas uma categoria política necessária para organizar o combate ao racismo, pois é a "única que revela que as discriminações e desigualdades que a noção brasileira de 'cor' enseja são efetivamente raciais e não apenas de 'classe'" (GUIMARÃES, 2002, p. 50).

---

9   Embora haja semelhanças na interpretação de Costa com estes autores, no que se refere às ações afirmativas o autor posiciona-se favorável. "Já está sobejamente demonstrado que as desigualdades raciais não desaparecem com a modernização, ao contrário, se agravam com ela, clamam, por isso por medidas específicas de tratamento como a reeducação cívica, as políticas de ação afirmativa etc." (COSTA, 2002, p. 8).

2.5 Somos mesmo uma nação mestiça?

No Brasil confunde-se constantemente o significado das categorias *mestiçagem* e *miscigenação*, tratando-as como sinônimos quando, na verdade, correspondem a processos próximos, porém distintos.

A miscigenação é um conceito prioritariamente biológico que aborda a mistura genética entre populações, por meio da reprodução humana. Essa área do conhecimento tornou-se interesse político estatal no século XVIII, quando os governos notaram a necessidade de se administrar os fenômenos específicos relacionados ao aumento populacional, como a taxa de natalidade, mortalidade, fecundidade, etc. Ou seja, a população e sua prática sexual tornaram-se um problema econômico e político, sobre o qual especificidades científicas (demografia, medicina sanitarista, etc.) se debruçaram com intuito de administrá-lo em prol do "desenvolvimento e aperfeiçoamento" da nação. Foucault (1998, p. 31) apresentou mais detalhadamente esses fatos e afirmou que as teorias racistas dos séculos seguintes encontraram nesse processo de gestão populacional seus pontos de fixação.

A mestiçagem é um conceito cultural mais abrangente que a miscigenação, pois está diretamente associada aos pilares fundamentais da constituição conceitual do Estado-Nação. À medida que as prerrogativas da sua formação eram a delimitação de um único território, uma única língua e um único povo e que tais fatores não estavam dados e muitos menos eram exclusivos à problemática das fronteiras, hibridações e misturas dos territórios, das línguas e povos tornaram-se um fator social bastante relevante.

Segundo Benedict Anderson (1999, p. 164), era senso comum que a estabilidade do Estado moderno dependia de que sua organização coincidisse seu território com uma determinada realidade cultural preexistente, o que resultou no gerenciamento das diferenças com intuito de uniformizá-las de acordo com o padrão dominante vigente. Ou seja, "toda a ideologia de assimilação via-se baseada na idéia, por demais nacionalizante, do 'povoamento' de um território" (ANDERSON, 1999, p. 165).

A mestiçagem, tal como conhecemos hoje, surgiu dessas demandas culturais homogeneizantes da formação das nações modernas, como um processo assimilacionista que visou dar inteligibilidade específica e exclusiva a algumas nacionalidades. Processo do qual a miscigenação faz parte, como uma forma de gerir a composição racial dominante, que no caso brasileiro, por exemplo, objetivou o branqueamento da população.

De acordo com Kabengele Munanga (2006, p. 54), somente com o fim da escravidão a formação da identidade nacional brasileira se tornou crucial para os seus pensadores, pois a partir da abolição precisaram incluir os novos cidadãos, os ex-escravizados negros, como elementos da composição nacional do país, o que obviamente era um problema, em razão das teorias racistas vigentes na época.

> O que estava em jogo, nesse debate intelectual nacional, era fundamentalmente a questão de saber como transformar essa pluralidade de raças e mesclas, de culturas e valores civilizatórios tão diferentes, de identidades tão diversas, numa única coletividade de cidadãos, numa só nação e num só povo (MUNANGA, 2006, p. 55).

A aposta executada pela elite brasileira fundamentou-se no que Munanga (2006, p. 121) denominou de *modelo racista universalista*, que se caracteriza pela negação absoluta das diferenças por meio de uma avaliação negativa delas e da sugestão de um ideal último de homogeneidade, construído por meio da miscigenação e da assimilação cultural. Portanto, o processo de mestiçagem brasileiro teve como uma das suas consequências "a destruição da identidade racial e étnica dos grupos dominados, ou seja, o etnocídio" (MUNANGA, 2006, p. 121) e a construção de uma identidade nacional homogeneamente branqueada.

O *racismo universalista* se distingue do *racismo diferencialista* porque o último se opôs à mestiçagem, considerando-a um instrumento de supressão das diferenças que conferiam ao grupo dominante o *status* de superioridade e, portanto, legitimavam a dominação e a exploração das "raças inferiores". No Brasil, onde vigorou o modelo universalista, ocorreu o contrário, pois ao invés de se opor à mestiçagem, esta foi utilizada como um meio de neutralizar a diferença ameaçadora dos povos negros aqui presentes (MUNANGA, 2006, p. 129).

Dessa forma, entende-se porque no Brasil o discurso da integração social por meio da identidade nacional, baseada apenas nos valores universais e integracionistas do indivíduo adescritivo e pretensamente protegido pelo princípio da isonomia é fortemente colocado como a única opção aceitável de combate ao racismo, pois tal alternativa em nada altera a estrutura social vigente, na qual as identidades étnicas estão hierarquicamente estabelecidas e ao mesmo tempo forjadas de uma única nacionalidade mestiça.

> A "elite pensante" do Brasil foi muito coerente com a ideologia dominante e o racismo vigente ao encaminhar o debate em torno da identidade nacional, cujo elemento da mestiçagem ofereceria teoricamente o caminho. Se a unidade racial procurada não foi alcançada, como demonstra hoje a diversidade cromática, essa elite não deixa de recuperar essa unidade perdida recorrendo novamente à mestiçagem e ao sincretismo cultural. De fato, o que está por trás da expressão popular tantas vezes repetida: "no Brasil todo mundo é mestiço", senão a busca da unidade nacional racial e cultural? (MUNANGA, 2006, p. 129).

Perante isso é compreensível que a forte resistência às políticas afirmativas com critério racial, presente principalmente na mídia brasileira, utilize como uma das argumentações principais os valores presentes na elaboração da identidade nacional do país, apresentando-os como componentes essenciais do nosso processo pacífico e igualitário, porém ainda em andamento, de integração social. Ou seja, aqueles que se opõem às políticas racialmente focadas entendem que a integração social das parcelas populacionais, que ainda não foi dignamente efetuada, será concretizada com a plena execução do modelo nacional vigente, por meio da universalização das políticas públicas de desenvolvimento social. Dessa forma, é excluída qualquer possibilidade de que a identidade nacional brasileira seja renegociada a partir de discussões e proposições que questionam o modo pelo qual a nossa unidade mestiça foi arquitetada de maneira prejudicial aos grupos étnicos, raciais e regionais subalternos de nosso território.

Joan W. Scott (2000, p. 216) alerta que o uso indiscriminado da defesa do discurso da igualdade entre os indivíduos em contraponto às múltiplas facetas e consequências das diferenças sociais é um meio eficaz de mantê-las invisíveis e irrelevantes nas discussões políticas, estabelecendo o princípio da igualdade como "o único terreno em que se pode reclamar a equidade" política e social. O debate midiático e intelectual sobre a ação afirmativa com critério racial no Brasil parece estar limitado a esse terreno e aqueles que tentam extrapolá-lo são rechaçados sob a acusação de quererem estabelecer um modelo identitário nacional segregacionista. Contra isso, Munanga (2006) argumenta que

> confundir o fato biológico da mestiçagem brasileira (a miscigenação) e o fato transcultural dos povos envolvidos nessa miscigenação com o processo de identificação e de identidade, cuja essência é fundamentalmente político-ideológica, é cometer um erro epistemológico notável. Se, do ponto de vista biológico e sociológico, a mestiçagem e transculturação entre povos que aqui se encontraram é um fato consumado, a identidade é um processo sempre negociado e renegociado, de acordo com os critérios ideológicos-políticos e as relações de poder. O exemplo de alguns países ocidentais construídos segundo o modelo Estado-Nação, que passavam a imagem de que havia uma unidade cultural conjugada com a unidade racial e onde ressurgem hoje os conflitos étnicos e identitários, iluminaria o processo brasileiro e, sobretudo, a idéia de que existe uma identidade mestiça. Uma tal identidade resultaria, a meu ver, das categorias objetivas da racionalidade intelectual e da retórica política daqueles que não querem enfrentar os verdadeiros problemas brasileiros (MUNANGA, 2006, p. 119).

O fato dos indicadores sociais de pesquisas oficiais do país demonstrarem que existem profundas desigualdades nas condições de vida dos brasileiros, as quais perpassam desde o acesso a direitos básicos, como saneamento sanitário e água encanada, até o acesso aos locais de produção e negociação de poder e conhecimento, como as universidades públicas e que essas condições desiguais possuem um evidente corte racial, regional e de gênero, torna incontestável que o projeto nacional brasileiro que alçou a mestiçagem como uma bandeira de desenvolvimento e integração populacional, regional e cultural não obteve êxito para aquelas pessoas marcadas pelas diferenças socialmente construídas e reproduzidas. Na sociedade brasileira, dentro cenário moderno em que as oportunidades são iguais e a isonomia dos indivíduos realmente existe, atuam como protagonistas, em sua escandalosa maioria, os homens pertencentes à parcela branca da população e residentes nas regiões sudeste e sul.

2.6 O desenvolvimento dos direitos culturais no Brasil: uma luta de movimentos sociais e de organizações internacionais

A luta social de mulheres, índios e negros nas últimas décadas acrescentou novos aspectos ao debate sobre a forma e o conteúdo dos direitos de cidadania, tanto no plano internacional quanto no caso brasileiro, qualificando um amplo debate nacional no pós-constituição de 1988.

Ao inserir novas necessidades na agenda, os movimentos sociais que pressionam por políticas específicas se deparam com o desafio de, por um lado, assegurar que suas especificidades sejam atendidas por se tratarem de diferenças que, embora construídas socialmente em relação a aspectos inatos de um dado grupo, interferem objetivamente na realização individual do grupo em questão, marcando-o socialmente. Por outro lado, a exigência pela ampliação da cobertura universal para assegurar que todos os brasileiros possam ter acesso à proteção social permanece como um desafio político para o conjunto dos setores democráticos organizados. Assim, a articulação entre política universal e política com foco em um dado grupo e/ou segmento social permanece como um desafio no Brasil do século XXI.

Quando se trata do debate sobre a diversidade cultural e seus desdobramentos na questão das relações sociais entre brancos e não brancos é possível observar, com base na trajetória do pensamento e da ação da Unesco sobre a cultura e a diversidade, as mudanças de percurso e do tratamento dessas dimensões da vida social. O tema da diversidade cultural, na chave dos conflitos étnico-raciais, está na raiz da própria criação daquela agência internacional e tem permeado seu pensamento e suas ações desde o seu surgimento.

A Unesco apostou na crença de que elucidar a contribuição dos diversos povos para a construção da civilização seria um meio de favorecer a compreensão sobre a origem dos conflitos, do preconceito, da discriminação e da segregação racial. Para a instituição, essa seria a base das condições para a paz. Sendo assim, iniciou então um ambicioso trabalho de pesquisa histórica, chamado *História do Desenvolvimento Científico da Humanidade*, que viria a ser escrito durante vários anos por aqueles que eram identificados como os dois grandes entes sociopolíticos e culturais em que se dividia o mundo: o oriente e o ocidente.

Nesse momento, as ideias de pluralismo, diversidade e interculturalidade, embora presentes, diziam respeito às relações entre países, ou seja, cada Estado-Nação era tido como uma entidade coesa e unitária sob o ponto de vista da diversidade.

Como nos lembrou Lévi-Strauss, em conferência proferida em 2005 por ocasião do sexagésimo aniversário da Unesco, a abordagem da cultura nesse período estava ainda muito ancorada na ideia de produção artística e de conhecimento histórico. Como decorrência, a diversidade era tratada exclusivamente como fonte de riqueza, como o "tesouro comum da cultura". À educação, e não à cultura, era atribuído papel preponderante na luta por banir o mito da superioridade racial.

No entanto, já no final da década de 1940, a representação, no seio da Unesco, de fortes tensões internacionais relacionadas ao fim do colonialismo, assim como de discussões sobre os direitos das minorias, demonstravam que, tanto as origens quanto as possibilidades de mitigação de muitos desses conflitos se vinculavam à cultura. Em paralelo, ganhava corpo a ideia de que existiam caminhos próprios de cada povo (ou de cada cultura) para o desenvolvimento, o que devia ser estimulado, desde que se tomassem precauções contra o isolamento excessivo.

A partir dos anos 1950, é crescente a conexão da cultura não apenas com o desenvolvimento, mas com a política e com os direitos humanos.

O tema dos direitos culturais comparece pela primeira vez no informe do Diretor Geral da Unesco, de 1969, quando se decide pela realização de um estudo desse campo. O Informe de 1977 aborda uma questão importante, evitada no pós-guerra, quando a prioridade absoluta da Unesco era garantir a paz e o entendimento entre estados soberanos. Trata-se do reconhecimento da importância das diferenças culturais internas aos países.

Marca esse período a busca do equilíbrio entre a afirmação das identidades e a ameaça de divisionismos e de reclusão. Uma série de conferências intergovernamentais regionais converge para o enunciado otimista da *Conferência Intergovernamental sobre Políticas Culturais para América Latina e Caribe*, a qual defende que o pluralismo pode ser a verdadeira essência da identidade cultural e que esta deve ser considerada como um fator de estabilização e não de divisão.

A evolução dessa trajetória conduziu à conexão entre cultura e democracia. A dificuldade em dar consequência prática aos conceitos formulados levava a

Unesco a enfatizar, cada vez mais, a responsabilidade dos governos e a necessidade de políticas culturais no âmbito de cada país.

A sofisticada visão de cultura que resultou da Conferência do México, em 1982, baseada na sua compreensão como uma faculdade universal e não apenas como um rígido conjunto de padrões trouxe consigo as ideias de renovação, discernimento e escolha crítica, respondendo à ameaça de que o pluralismo pudesse se tornar um baluarte contra as trocas interculturais.

Uma questão concreta – o *apartheid* – lança um foco sobre a relação entre diversidade e igualdade, ou seja, evidencia-se a conexão com os direitos humanos. No final da onda de descolonização, o Plano de Médio Prazo da Unesco afirmava que o verdadeiro usufruto da condição de liberdade pelos povos depende de pré-requisitos que vão além da sua nova condição legal e política, mas de fatores econômicos, sociais e culturais. O foco na democracia e na promoção de direitos econômicos, sociais e culturais demonstra, na prática, a relação entre cultura e política identificada em décadas anteriores.

O início da década de 1990 enfatiza a importância da cooperação cultural internacional, considerando a crescente interdependência entre cultura e economia, a crescente reafirmação de identidades e o desenvolvimento de sociedades cada vez mais multiculturais. Acentua-se a preocupação com os conflitos resultantes de sociedades fragmentadas e complexas, ou seja, multiétnicas, multiculturais e multirreligiosas. A ênfase recai novamente sobre as políticas públicas no âmbito dos países, que devem cuidar das relações entre comunidades internas e reforçar a coesão social.

Na década seguinte, o cenário da Convenção de 2005 é o da globalização. Vista pelo lado da cultura, a globalização corresponderia à transmissão e à difusão, para além de fronteiras nacionais, de conhecimentos, ideologias, expressões artísticas, informações e estilos de vida. Não caberia ingenuamente condená-la ou defendê-la, mas buscar, incessantemente, visualizar seus contornos mutantes. É preciso agir para, de um lado, estender a todos o seu imenso potencial de expressão e inovação, e, do outro, reduzir assimetrias e defender as culturas mais vulneráveis do risco da completa marginalização ou supressão.

As mudanças em curso no cenário internacional vão impactar a agenda política das principais organizações do Movimento Negro brasileiro, a partir da década de 1990, coincidindo com o momento de conformação do estado liberal democrático no Brasil. Essas mudanças possibilitaram que tais organizações se deslocassem do campo da denúncia para a crescente utilização de mecanismos jurídico-políticos, tanto para criminalizar a discriminação e o racismo enquanto coletividade quanto para exigirem políticas públicas compensatórias pelos danos espirituais e materiais causados pelo racismo e pela discriminação passados.

No âmbito governamental a preocupação com a educação e a escola torna-se um tema recorrente como um meio de superar as iniquidades sociais racialmente estruturadas.

> Muitos estudos confirmam que a questão racial é tratada, na escola, de maneira displicente, com a propagação de aspectos legitimadores do status quo, o que inibe a formação de uma identidade negra. O cotidiano escolar apresenta-se, desse modo, marcado por práticas discriminatórias que se refletem nas expectativas negativas sobre as possibilidades intelectuais dos/as negros/as, o que tem um enorme impacto no rendimento dos estudantes afrodescendentes.[10]

Com o surgimento da Secretaria Especial de Políticas de Promoção da Igualdade Racial (SEPPIR),[11] que tem como função precípua transversalizar a questão da diversidade étnico-racial em todos os ministérios, as promessas governamentais ganhavam a possibilidade de se materializarem de forma institucional. Assim, no primeiro ano do primeiro mandato do governo Lula as aspirações dos movimentos sociais identitários em geral e, em especial, do Movimento Negro, ganhavam a cena do debate público com intensidade, gerando expectativas em torno de formulações de políticas públicas que, ao mesmo tempo, criassem um novo desenho institucional e enfrentassem as iniquidades sociais construídas com base nas diferenças inatas. Mas, de alguma forma, isso não se deu a contento.

Então, a questão a ser respondida é a seguinte: o que tem inviabilizado o aprofundamento da ação governamental no tratamento das gravíssimas desigualdades sociais brasileiras que colocam, com base nos indicadores sociais, negros e brancos em polos opostos? E as propostas e proposições na área da educação estão respondendo aos anseios do Movimento Negro organizado e da população negra em geral?

As dificuldades da SEPPIR em cumprir a sua missão e atuar sistemicamente decorrem, fundamentalmente, dos entraves internos do governo, que restringem e limitam suas ações. Entre eles convém destacar os seguintes:

a) embora a SEPPIR encontre-se vinculada à Presidência da República, como uma secretaria especial com status de ministério, seu orçamento é irrisório para uma atuação efetiva e consistente de transversalização das questões étnico-raciais no interior do governo;

b) a composição de sua equipe foi feita, e tem sido reformulada, mais com base em critérios políticos do que em critérios técnicos;

---

10 Disponível em: <http://www.inep.gov.br/download/inep/relatorio_gestao2004.pdf>. Acesso em: 25 set. 2009.
11 A Lei 10.678 de 23 de maio de 2003 criou a Secretaria Especial de Políticas de Promoção da Igualdade Racial da Presidência da República (publicada no DOU em 26 de maio do mesmo ano).

c) a manutenção do desenho institucional anterior, especialmente nos ministérios tradicionalmente considerados mais importantes na condução da agenda política do governo, tem sido impermeável às tentativas de incluir temas relativos à questão étnico-racial nestes;

d) a existência de discordâncias sobre o efetivo peso da discriminação racial e do racismo, na composição dos fatores que geram e compõem as desigualdades, aparecem discursivamente, por exemplo, na ênfase na indistinção de cor da parcela da população brasileira em situação de pobreza e/ou abaixo da linha da pobreza.

Assim, nos constantes embates sobre os rumos da política social, pouco importam os dados quantitativos, produzidos pelo próprio governo, os quais revelam as distinções e as distâncias entre brancos e negros no Brasil contemporâneo. As resistências intragovernamentais, que refletem as tensões presentes no debate público, expressam-se no baixo grau de inovação institucional e na manutenção de proposições de programas sociais insensíveis, ou cosmeticamente sensíveis às diferenças étnico-raciais.

Um exemplo da gravidade do quadro são as conclusões presentes na declaração da Sociedade Civil das Américas com vistas à Conferência Mundial de Revisão de Durban, encontro realizado em Brasília de 13 a 15 de junho de 2008, nas quais podemos ler o seguinte:

> A Sociedade Civil das Américas enfatiza a importância da Conferência Mundial contra o Racismo como um evento significativo para todas as vítimas do racismo, a discriminação racial, a xenofobia e todas as formas correlatas de intolerância nas Américas.
>
> Sete anos após a aprovação da Declaração e do Plano de Ação de Durban, apesar dos esforços da Sociedade Civil e de alguns Estados da região, não existe a institucionalização nem os recursos orçamentários necessários para implementar os compromissos estabelecidos, e os Estados não têm criado as condicionantes para uma participação efetiva e paritária da sociedade civil no desenho, implementação das políticas.
>
> As mulheres continuam enfrentando o racismo, a discriminação e a xenofobia por sua condição de gênero, raça e etnia, sua orientação sexual, religião, idade, capacidades especiais, que se manifestam em diversas formas de abuso e exploração sexual, exclusão, tráfego e violência doméstica e institucional.
>
> Vivemos num contexto onde o aumento dos fundamentalismos de índole religiosa, econômica e ideológica, que nega a diversidade cultural

e os direitos humanos para as vítimas do racismo se associa com o modelo de desenvolvimento neoliberal desumanizado que tem consequências de múltiplas formas de exclusão, pobreza, incremento da desigualdade, racismo e discriminação.

A violência racial estrutural que afeta a grande maioria dos 150 milhões de afro-descendentes da região é alarmante e inaceitável, exigindo ações imediatas, urgentes e comprometidas tanto dos Estados como das instituições internacionais e inter-governamentais. Essa violência racial manifesta-se em deslocamentos forçados, criminalização de jovens, genocídio justificado na delinquência ou conflitos internos, inexistência de políticas públicas, negação política, exploração social de jovens e meninas, tráfico de mulheres jovens, negação do direito ao registro e identidade jurídica, violência contra as mulheres e sobre representação de jovens no sistema penitenciário.

2.7 Saiba mais

Lei de Diretrizes e Bases da Educação Nacional

<http://portal.mec.gov.br/arquivos/pdf/ldb.pdf>

Plano Nacional de Educação

<http://www.inep.gov.br/download/cibec/2001/titulos_avulsos/miolo_PNE.pdf>

Plano Nacional de Desenvolvimento da Educação

<http://portal.mec.gov.br/arquivos/pdf/livromiolov4.pdf>

<http://portal.mec.gov.br/pde/index.php>

2.8 Outras referências

Acesse o site da Unesco (http://www.brasilia.unesco.org/) e pesquise maior informações sobre as suas políticas, propostas e publicações sobre a Educação.

Educação Inclusiva

<http://www.brasilia.unesco.org/areas/educacao/areastematicas/EducaInclusiva/index_html_exibicao_padrao>

Publicações e documentos com acesso gratuito

<http://www.brasilia.unesco.org/areas/educacao/servicos/documentos/index_html_exibicao_padrao>

<http://www.brasilia.unesco.org/publicacoes/edicoesnacionais/tituloseduca>

<http://www.brasilia.unesco.org/publicacoes/docinternacionais>

Contribuições para a implementação da Lei 10.639/2003

<http://www.brasilia.unesco.org/publicacoes/pdf/ContribuicoesImplementLei10.639.pdf>

Estatísticas e relatórios

<http://www.brasilia.unesco.org/estatistica>

2.9 Referências

ABRAMOWICZ, Anete et al. *Trabalhando a Diferença na Educação Infantil*. São Paulo: Moderna Editora, 2006.

ABREU, Jayme. *Educação, Sociedade e Desenvolvimento*. Rio de Janeiro: Centro Brasileiro de Pesquisas Educacionais, 1968. (Série VI, Sociedade e Educação, MEC, v. 8).

ANDERSON, Benedict. As promessas do Estado-nação para o início do século. In: HELLER, Agnes et al. *A crise dos paradigmas em Ciências Sociais e os desafios para o século XXI*. Rio de Janeiro: Contraponto, 1999. p. 154-170.

APPIAH, Kwame Anthony. *Na casa de meu pai*: a África na filosofia da cultura. Rio de Janeiro: Contraponto, 1997.

AZEVEDO, Fernando de (Org.). *A reconstrução educacional no Brasil – ao povo e ao governo*: Manifesto dos pioneiros da educação nova. São Paulo: Nacional, 1932. Disponível em: <http://www.pedagogiaemfoco.pro.br/heb07a.htm>. Acesso em: 11 set. 2009.

BARROS, Ricardo P.; HENRIQUES, Ricardo; MENDONÇA, Rosane. *Desigualdade e pobreza no Brasil*: retrato de uma estabilidade inaceitável. Revista Brasileira de Ciências Sociais, São Paulo, v. 15, n. 42, 2000. Disponível em: <http://www.scielo.br/scielo.php?script=sci_arttext&pid=S0102-690920000000100009>. Acesso em: 5 nov. 2009.

BERNARDINO-COSTA, Joaze. Levando a raça a sério: ação afirmativa e correto reconhecimento. In: BERNARDINO-COSTA, Joaze; GALDINO, Daniela (Orgs.). *Levando a raça a sério*: ação afirmativa e universidade. Rio de Janeiro: DP&A, 2004. v. 1, p. 15-38.

BORGES, Dain. "Inchado, feio, preguiçoso e inerte": A degeneração no Pensamento Social Brasileiro, 1880-1940. *Teoria & Pesquisa*, São Carlos, v. 1, n. 47, p. 43-70, 2005.

BRASIL, Ministério da Educação. *Parecer CNE/CP 003/2004*: Diretrizes Curriculares Nacionais para a Educação das Relações Étnico-Raciais e para o Ensino de História e Cultura Afro-Brasileira e Africana. Brasília: INEP, 2004.

_____. Ministério da Saúde. *Perspectiva da Eqüidade no Pacto Nacional pela Redução da Mortalidade Materna e Neonatal*: Atenção à Saúde das Mulheres Negras. Brasília: Ministério da Saúde, 2005.

CARVALHO, Marta Maria Chagas de. Quando a história da educação é a história da disciplina e da higienização das pessoas. In: FREITAS, Marcos Cezar (Org.). *História social da infância no Brasil*. São Paulo: Cortez, 1997.

COSTA, Sérgio. A construção sociológica de raça no Brasil. *Estudos Afro-asiáticos*, Rio de Janeiro, v. 24, n. 1, 2002.

DÁVILA, Jerry. *Diploma de brancura*: política social e racial no Brasil (1917-1945). São Paulo: Editora da UNESP, 2006. 400 p.

EDUCAÇÃO & CONJUNTURA. São Paulo: Paulo Renato Souza Consultores, n. 1, 2004.

FERNANDES, Florestan. *A Ciência Aplicada e a Educação como fatores de mudança cultural provocada*. São Paulo: Serviço de Medidas e Pesquisas Educacionais, 1959.

_____. *A integração do negro na sociedade de classes*. São Paulo: Dominus, 1959.

GOMES, Nilma Lino. Os jovens rappers e a escola: a construção da resistência. In: REUNIÃO ANUAL DA ANPED, 19., 1996, Caxambu. *Anais...* Caxambu: ANPED, 1996, p. 1-11.

GONÇALVES, Maria das Graças. No movimento do rap: marcas da negritude. In: BARBOSA, Lúcia Maria de Assunção; SILVA, Petronilha Beatriz Gonçalves; SILVÉRIO, Valter Roberto (Orgs.). *De preto a afro-descendente*: trajetos de pesquisa sobre relações étnico-raciais no Brasil. São Carlos: EdUFSCar, 2003.

GUIMARÃES, Antônio Sérgio Alfredo. *Classes, Raças e Democracia*. São Paulo: Fundação de Apoio à Universidade de São Paulo; Editora 34, 2002.

_____. *Racismo e Anti-racismo no Brasil*. São Paulo: Fundação de Apoio à Universidade de São Paulo; Editora 34, 2005.

HENRIQUES, Ricardo. *Raça e gênero nos sistemas de ensino*: os limites das políticas universalistas na educação. Brasília: Unesco, 2002.

MISKOLCI, Richard. Do desvio às diferenças. *Teoria & Pesquisa*, São Carlos, v. 1, n. 47, p. 9-42, 2005.

MOREIRA, João Roberto. *Educação e Desenvolvimento no Brasil*. Rio de Janeiro: Centro Latino Americano de Pesquisas em Ciências Sociais, 1960.

MUNANGA, Kabengele. O anti-racismo no Brasil. In: _____. (Org.). *Estratégias e políticas de combate à discriminação racial*. São Paulo: Edusp, 1996.

ORTIZ, Renato. *Cultura Brasileira & Identidade Nacional*. São Paulo: Brasiliense, 1985.

PONTES, Hélio. *Educação para o Desenvolvimento*: Estudo crítico da administração educacional no Brasil. São Paulo: Nacional, 1969.

REZENDE, Fernando; TAFNER, Paulo (EE.). *Brasil*: o estado de uma nação. Rio de Janeiro: IPEA, 2005.

RODRIGUES, Tatiane Cosentino. *Movimento negro, raça e política educacional*. Disponível em: <http://www.anped.org.br/reunioes/28/textos/gt21/gt211249int.rtf>. Acesso em: 15 out. 2009.

SALES Jr., Ronaldo Laurentino. *Raça e Justiça*: o mito da democracia racial e o racismo institucional no fluxo de justiça. Tese (Doutorado em Sociologia) – Universidade Federal de Pernambuco, Recife, 2006.

SCHWARCZ, Lilia Katri Moritz. Questão racial e etnicidade. In: MICELI, Sergio (Org.). *O que ler na Ciência Social Brasileira (1970-1995)*. São Paulo: Editora Sumaré/ANPOCS/CAPES, 1999.

SCOTT, Joan Wallach. Igualdade versus diferença: os usos da teoria pós-estruturalista. *Debate Feminista*: Cidadania e Feminismo, São Paulo, edição especial, p. 207-218, 2000.

SILVA, Geraldo Bastos. *Educação e Desenvolvimento Nacional*. Rio de Janeiro: Instituto Superior de Estudos Brasileiros/MEC, 1957.

SILVÉRIO, Valter Roberto. Negros em movimento: a construção da autonomia pela afirmação dos direitos. In: BERNARDINO-COSTA, Joaze (Org.). *Levando a Raça a Sério*. Rio de Janeiro: DPA Editores, 2004. v. 1.

SOUZA, Andrea Lisboa. A representação da personagem feminina Negra na literatura infanto-juvenil brasileira. In: HENRIQUES, Ricardo (Org.). *Educação anti-racista*: caminhos abertos pela Lei Federal nº 10.639/03. Brasília: SECAD/MEC, 2005. p. 65-104.

STEPAN, Nancy Leys. Raça e Gênero: O Papel da Analogia na Ciência. In: HOLLANDA, Heloísa Buarque de (Org.). *Tendências e Impasses*: O Feminismo como Crítica da Cultura. Rio de Janeiro: Rocco, 1994.

Karina Almeida de Sousa
Thais Santos Moya
Paulo Alberto dos Santos Vieira

UNIDADE 3

Educação e relações étnico-raciais: a experiência da diferença

3.1 Primeiras palavras

Esta unidade trata da educação e do ambiente escolar pensando suas possíveis contribuições para a valorização das diferenças étnicas, raciais, de gênero, orientação sexual, origem, etc. A educação será problematizada a partir de sua participação enquanto elemento importante para a formação dos sujeitos. Assim como a diversidade de experiências que o encontro das diferenças no ambiente escolar pode proporcionar aos/às alunos/as e professores/as.

O objetivo é debater algumas concepções sobre a escola e a educação no Brasil que levam à reflexão sobre: quantas diferenças se encontram numa mesma sala de aula? A educação, atualmente, tem participado na formação dos/as educandos/as? A escola desenvolve de maneira satisfatória as potencialidades do encontro entre as inúmeras diferenças de seus educandos/as? Como pode-se valorizar e tornar positiva a experiência da diferença que a escola traz enquanto espaço de diálogo?

Ao término desta unidade, espera-se que tenhamos conseguido problematizar o modelo de desenvolvimento nacional pensando em conjunto com uma perspectiva educacional que valorize e afirme a diferença como constituinte do tecido social, ou seja, que possamos pensar a diferença como um dos elementos primordiais para o debate das políticas públicas educacionais e aos modelos de desenvolvimento educacionais subsequentes.

3.2 A diferença social como uma diferença a ser problematizada: que diferença é essa?

Ao falar da diferença é imprescindível alocar quais delas participam de nossos debates e como essas diferenças serão pensadas. A história do desenvolvimento nacional alocou durante anos a fio os sujeitos e os grupos sociais sob o manto de uma diversidade que esconde as diferenças. Com isso notamos o ocultamento e a precarização de muitas das categorias que marcam os seres humanos, principalmente daquelas construídas socialmente pelas vias da subalternização e da hierarquização.

As diferenças de classe, raça, sexo, orientação sexual, geração e naturalidade foram e continuam sendo hierarquicamente desenhadas no histórico da sociedade contemporânea. Ou seja, não foram construídas e pensadas horizontalmente, e sim como categorias que criam seres humanos mais humanos e seres humanos menos humanos.

Partindo desse contexto justifica-se a necessidade de pensar as diferenças, sejam elas quais forem, sob novas perspectivas e de atribuir às nossas práticas significados outros que valorizem, reconheçam e respeitem essas diferenças. Segundo Souza (2002, p. 32),

> Vivemos num espaço e tempo marcados pela efervescência das questões trazidas pela diferença. Diferença de gênero, de raça, de classe social, de orientação sexual, de identidades, de origens, de pertencimentos, etc. Diferença que até bem pouco tempo ficou ocultada pela força do discurso sobre a igualdade. Com exceção da diferença de classe social, as demais questões são relativamente novas, emergiram mais recentemente, tanto no campo das Ciências Sociais quanto na reflexão educacional.

Nesse sentido, Gomes (1997, p. 25) argumenta a favor da necessidade de se repensar a educação, necessariamente, pelo repensar do papel que a raça ocupa na construção da sociedade brasileira.

Alguns estudiosos têm pensado e discutido como dialogar teórica e empiricamente com a noção da diferença. Nesse sentido, se pensamos a raça como um marcador da diferença social, iremos inserir nesse escopo o pensamento da diferença como um marcador da distinção de nossas histórias coletivas, por um lado e por outro como uma experiência pessoal inscrevendo nossa biografia pessoal (BRAH, 2006, p. 361). São as diferentes experiências e as relações estabelecidas antes, durante e após as experiências que constroem nos sujeitos as diferenças. Assim, segundo Brah (2006, p. 360), a experiência é um processo de significação que é a condição mesma para a constituição daquilo a que chamamos realidade e ainda um lugar de formação do sujeito em processo.

A diferença, como constituinte de nossas identidades, individuais e coletivas, insere em nosso debate questões da experiência, da subjetividade e de relações sociais. O debate passa então a não apenas reconhecer a existência de diferenças entre os sujeitos, mas a reconhecer valorativamente essas diferenças. Reconhecer valorativamente as diferenças necessita que se pense para além de demandas por medidas na esfera da política normativa e requer que todas as esferas formativas desse sujeito em processo sejam consideradas e pensadas sob um novo olhar, o olhar da alteridade.

Uma análise crítica do modelo educacional, direcionada a percepções sobre os componentes da educação escolar e do espaço escolar como espaço de aprendizagem, nos leva a problematizar as contribuições desse espaço para a perpetuação dos modelos de socialização que corroboram com normas e padrões discriminantes e excludentes. Nessa lógica, as identidades corresponderiam a um modelo fixo, a-histórico, inserido na construção do "normal", construído nas práticas sociais e constitutivo destas.

Esse padrão estereotipado, que reafirma um modelo masculino, branco, ocidental e heterossexual é analisado como um dos focos centrais da manutenção de valores e normas que compõem a formação social dos preconceitos e discriminações direcionadas aos sujeitos que de algum modo "transgridem" a ordem da normalidade, no que se refere à questão étnico-racial, no caso específico.

A percepção da importância e do papel exercido pela instituição escolar enquanto espaço de socialização e também de formação dos cidadãos e das cidadãs na trajetória de vida e na construção de uma "identidade" é tema recorrente.

O ideário constitutivo da escola enquanto espaço da neutralidade inscreve o apagamento de diferenças que transgridam o socialmente construído como normal a partir dos marcadores de orientação sexual, racial, cultural e regional que transitam nesse espaço. A construção do não dito e do oculto direciona as subjetividades não hegemônicas à não aceitação social, ou seja, reforça os padrões que instituem a discriminação a partir da reafirmação dos espaços constituintes do normal e do anormal. Essas práticas se embasam na pressuposição de um véu de ignorância em relação à existência da multiplicidade.

Pereira (2003) aponta para a importância em se conhecer a identidade como mutável e relacional à contribuição do currículo como uma das ferramentas do processo educacional que atuam na interação com as diferentes identidades constituintes dos indivíduos no espaço escolar.

A manutenção do mito da neutralidade do espaço escolar acaba silenciando as diferenças, contribuindo para a perpetuação da discriminação direcionada ao diferente, aos sujeitos que não são ou não foram inseridos na norma social instituída e na tentativa de eliminá-las, por meio da reafirmação dos "bons" valores. Logo, "[...] só serve a manutenção das normas sociais, o que costuma se dar por meio da reprodução escolar das formas consideradas adequadas de ser e de se comportar" (MISKOLCI, 2005, p. 53).

A determinação dos lugares sociais e das posições dos sujeitos se refere à forma com que seus corpos foram construídos. A aparência define o lugar dos sujeitos no interior dos grupos, ou seja, estes são classificados, hierarquizados e definidos por meio das marcas dos seus corpos e ideais instituídos socialmente segundo padrões e normas.

Para Gomes (1996), os elementos descriptivos do corpo (cabelo, cor da pele, nariz, boca, presença da vagina ou pênis) quando são significados pela cultura se tornam marcas de raça, gênero, etnia, classe e nacionalidade. As marcas são distintivas e constituintes do poder, que definem o lugar social dos sujeitos.

Diferentemente da produção de um novo padrão de ordenamento social, nesse caso, como possibilidade de intersecção com o espaço escolar, o que se pretende é o questionamento da ordem instituída e a desconstrução dos significados atribuídos aos corpos por meio das práticas, discursos e formas de interação entre os diferentes sujeitos e suas identidades.

Discutir a partir da afirmação da diferença a constituição da educação (currículo, formação de professores, material didático) une percepções acerca de um modelo instituído sob características e padrões sociais e culturais que alocam subalternamente a diferença de vivências, de sujeitos e de conhecimentos, somada à reprodução de padrões essencializadores instrumentalizados nas práticas excludentes, discriminatórias e/ou preconceituosas voltadas aos que de alguma forma atravessam ou transitam a "fronteira da normalidade".

Nesse sentido, se ampliam as concepções acerca das identidades, das normas reproduzidas por meio do espaço escolar durante o processo dialógico e contextual de construção, do questionamento não apenas nos sujeitos beneficiados e também dos parâmetros utilizados para a construção do modelo de socialização transmitido pela/na escola.

> Uma primeira constatação interessante de nossa reflexão é que a educação, enquanto processo, e a escola, enquanto instituição social, continuam centrais no equacionamento e/ou mediação dos dilemas colocados para sociedade brasileira nesse início de século XXI. A segunda é que não há emancipação possível sem liberdade. O problema é que a liberdade dos antigos pressupunha a manutenção da hierarquias com base na origem; liberdade dos modernos admite a diversidade cultural como forma de conter a diferença cultural. Resta uma questão para nós brasileiros:
>
> No momento em que no Brasil os índios lutam por implementar escolas bilíngues e exigem cursos de licenciaturas específicos, os negros, a partir das lutas do movimento negro, conquistaram, por meio da Lei 10.639/03, o direito de ter acesso, em termos de ensino a conteúdos relativos da história e cultura afro-brasileira e se admite a necessidade de uma reforma dos sistemas de ensino universitário que contemple as diversas formas nas quais as diferenças se manifestam. Será que nós seremos capazes a partir dessas possibilidades históricas de fazer com que as mudanças sociais caminhem na direção de uma diferença que realmente faça diferença?
>
> SILVÉRIO, Valter Roberto. A Diferença como realização da liberdade. In: ABRAMOWICZ, Anete; BARBOSA, Lúcia Maria de Assunção; SILVÉRIO, Valter (Orgs.). *Educação como Prática da Diferença*. Campinas: Autores Associados, 2006. p. 16.

3.3 Educação e a questão étnico-racial: novos sujeitos e a diferença

A interdependência entre os projetos de desenvolvimento da nação e a educação trouxe à tona o entendimento do papel delegado ao processo educacional ao longo da história, assim como o das experiências vividas pelos sujeitos sob diversos contextos sociais.

O Brasil vivenciou longos processos de ocultamento e apagamento das diferenças que constituíam as identidades dos sujeitos. A construção da identidade nacional incorpora essas diferenças sob a égide da homogeneização, ou seja, o manto da identidade nacional cobre e aglutina todas as demais identidades.

Trata-se de um projeto de nação centrado na identidade coesa e homogênea como elemento de formação de um modelo nacional construído em vias de alcançar "um" desenvolvimento de acordo com padrões externos. Modelo que, por conseguinte, reproduz desrespeitos às outras formas de identificação no contexto de homogeneização.

A manipulação das diferenças, por meio de medidas público-estatais, pode ser facilmente percebida ao nos atentarmos às políticas que se detiveram na tentativa de embranquecer a população brasileira – processo em certa medida similar ao ocorrido nos demais países das Américas Central e do Sul, mas que infelizmente não poderá ser debatido neste texto. Esse processo teve início no século XIX, por meio do incentivo ao processo imigratório europeu.

A democracia racial elencou o Brasil ao patamar de nação mestiça. As diferenças constituintes dos sujeitos foram relegadas visando a formação de uma grande colcha de retalhos, em que todos e todas são resultantes do encontro genético e cultural entre negros, brancos e índios.

É esse o contexto de desenvolvimento da educação brasileira por anos a fio. Inicialmente engajada com o modelo de desenvolvimento que buscava inserir a nação brasileira no patamar das nações desenvolvidas, a educação se comprometeu com um padrão de "limpeza" racial e social dos brasileiros, ou seja, aos não brancos e não ricos a educação visava o aprendizado de valores e de uma moral que propiciasse uma aproximação à branquitude.

Quando a democracia racial passa a fundamentar a lógica de pensamento sobre o nacional, a educação não mais necessita se configurar pelo comprometimento com um modelo higienista, pautado em modelos de socialização fundamentados pela lógica eurocêntrica, ou seja, um modelo masculino, europeu, branco, heterossexual e ocidental. No entanto, vale lembrar que esse modelo valorativo ainda não foi dissolvido e é constitutivo de diversas práticas do cotidiano de todas e todos, legitimando e perpetuando modelos discriminatórios e preconceituosos direcionados a qualquer um que não corresponda ao modelo fundamentado.

A educação adota, a partir da democracia racial, um caráter pluralista, que até os dias atuais tenta-se combater. É possível notarmos na construção de inúmeros documentos legais, como a Lei de Diretrizes e Bases da Educação, a inexistência de medidas direcionadas especificamente a políticas que pensam a partir do reconhecimento e da valorização da diferença.

É apenas com a aprovação da Lei 10.639 em 2003 que a LDB é alterada e passa a incorporar a diferença, ou seja, após quatro anos de aprovação da LDB é possível se pensar em uma lei que parte do reconhecimento da diferença e de sua afirmação e valorização no cotidiano escolar.

A retomada da luta antirracista, a organização do Movimento Negro, assim como questões relativas às políticas de igualdade, reconhecimento e alteridade ganham visibilidade apenas no chamado período da redemocratização, após a constituição de 1988, no Brasil, principalmente por meio de pressões para a implementação de políticas de valorização da diversidade.

No âmbito nacional, o afrouxamento do modelo político instaurado no período do Governo Militar no final dos anos 70 permitiu a rearticulação dos movimentos sociais, em sua grande maioria de caráter identitário, proporcionando um significativo aumento da participação da sociedade civil. Pode-se citar, nesse contexto, o Movimento de Mulheres, o Movimento Negro e o Movimento de Lésbicas, Gays, Bissexuais, Transexuais e Travestis.

Iniciam-se intensas ações políticas e lutas sociais com vistas à redefinição das bases sociais do país, tornando imprescindível, nesse contexto, a reforma do modelo político vigente, embasado no contexto tradicionalista dos primeiros anos do século XX e posteriormente no modelo repressivo do governo militar.

As políticas de reconhecimento da diversidade étnica, racial e sexual assumem um caráter distinto na abertura política e na retomada do processo democrático no país – fenômeno marcado pela elaboração da Constituição Federal de 1988.

Nesse momento, a "Subcomissão dos Negros, Populações Indígenas, Pessoas Deficientes e Minorias", integrante da comissão temática "Da Ordem Social", teve como objetivo a discussão para o equacionamento das reivindicações dos negros, das populações indígenas, das pessoas com deficiências e de outras "minorias".

A subcomissão se deparou com reivindicações do Movimento Negro, como o reconhecimento pelo Estado das comunidades negras remanescentes de quilombos e o título de propriedade definitiva de suas terras; a criminalização do racismo e das formas discriminatórias; o comprometimento com a construção de uma educação que combatesse o racismo e as formas de discriminação e que estimulasse o respeito à diversidade, tornando obrigatório o ensino da História e da Cultura Afro-Brasileira.

Algumas das reivindicações indicadas pela "Subcomissão dos Negros, Populações Indígenas, Pessoas Deficientes e Minorias" são retiradas do documento final da Constituição sob a justificativa da pluralidade cultural. É possível notar a evidência dos valores professados pelo mito da democracia racial, embora este estivesse em erosão no imaginário social do país.

Esse movimento trouxe importantes impactos nas políticas educacionais vigentes, principalmente no que se refere às discussões embasadas nas demandas por igualdade, justiça social, equidade, reconhecimento e afirmação da diversidade cultural.

O Movimento Negro, segundo Rodrigues (2005), ao identificar na subalternização da população o principal indicador da discriminação e do racismo, passa a enfatizar a construção de sua identidade e de uma sociedade pluricultural e plurirracial. Essa construção deveria passar necessariamente pela desfolclorização da cultura e pelo reconhecimento do legado de uma cultura vivenciada por negros para a rediscussão do projeto de Estado-Nação brasileiro.

Os insucessos do universalismo das políticas educacionais, notados a partir da erosão do mito da democracia racial, refletiram nos grupos étnico-raciais na forma de novas exigências, no que se refere ao reconhecimento político e de políticas públicas direcionadas à diferença. A educação como um dos principais meios de acesso e construção de conhecimentos científicos e registros culturais passaria a adensar propostas pertinentes à diferença como alternativa e crítica a uma educação até então fundamentada em padrões hierárquicos, subalternizantes e desiguais.

Os novos movimentos sociais originários do processo de reformulação política e social, operado após a redemocratização, operaram na chave da mudança da estrutura educacional, principalmente por meio da percepção da diversidade cultural e da importância da garantia das identidades culturais. O modelo de cidadania instaurado também passa a ser debatido e questionado, pois os sujeitos marcados na experiência da diferença veem-se eclipsados em seus direitos e garantias por um conceito que busca a representatividade das esferas da vida social, desde que a experiência desses sujeitos possa ser incorporada em uma lógica homogeneizadora e normatizante. Questiona-se nesse contexto um modelo de cidadania que pense as culturas, uma cidadania cultural.

O reconhecimento oficial do racismo e da discriminação racial, por parte do Estado, refletiu de diversas formas no sistema educacional nacional. A partir da década de 90 notam-se esforços do poder público no combate ao racismo e ao preconceito nas escolas, principalmente por meio das alterações legislativas e da adoção de medidas como: os Parâmetros Curriculares Nacionais (PCNs), por intermédio do tema transversal "Pluralidade e Cultura"; o Programa Nacional do Livro Didático (PNLD) e o manual *Superando o Racismo na Escola*.

Segundo Rodrigues (2005), a ausência da discussão acerca do tema racial na educação cede lugar à concepção de que "[...] a educação como política pública deve responder às necessidades do conjunto da nação sem distinções de raça e cor [...]" (RODRIGUES, 2005, p. 74). Logo, isso corresponderia à elaboração de uma política educacional que operia um processo de apagamento e, o que é mais grave ainda, de hierarquização das diferenças.

O ensino da história, segundo os afro-brasileiros, pôde permitir que estes fossem vistos como sujeitos de acordo com suas próprias perspectivas, ou seja, segundo Rodrigues (2005, p. 86),

> indica a possibilidade de romper com o paradigma eurocêntrico e estimula alterações nas formulações de políticas educacionais, na medida em que pode implicar na ampla modificação curricular inclusive nos cursos de formação de professores e de todos os profissionais da educação.

A expansão dos direitos, decorrente das transformações nas concepções de liberdade do século XXI, inseriu no debate político a questão da diferença enquanto enfrentamento da condição de subalternidade, ou seja, a diferença passou a ser politizada visando o reconhecimento social. Segundo Silvério (2005, p. 87), a reconfiguração do pacto social e a insurgência de novos atores sociais inscrevem a instituição escolar, compreendida como espaço de sociabilidade, sob diferentes experiências socioculturais, refletindo diversas e divergentes formas de inserção dos grupos na história.

Logo, segundo Gomes (1997, p. 23)

> Os negros trouxeram para a educação o questionamento do discurso e da prática homogeneizadora, que despreza as singularidades e as pluralidades existentes entre os diferentes sujeitos presentes no cotidiano escolar.

Pensar a educação no século XXI poderia se relacionar, portanto, à apreensão de especificidades, ao questionamento das normas sociais, de modelos educacionais, do imaginário e de representações e práticas sociais instituídas no cotidiano, principalmente quando se debate o ordenamento social pensado na valorização das experiências dos sujeitos e no convívio positivo com as diferenças.

3.4 Antirracismo e ação afirmativa no Brasil contemporâneo

O debate sobre a promoção da igualdade racial no Brasil, embora complexo e controverso, inegavelmente compõe a pauta da agenda nacional entre os seus principais assuntos. Tal fato oficializou-se em 1995 quando ineditamente um chefe de Estado brasileiro[12] admitiu que a diferença racial[13] possui papel relevante nas desigualdades sociais do país, encarando esse fenômeno como um problema real e permanente, e anunciou a necessidade de combatê-lo politicamente a partir da interlocução com o movimento negro.

Pesquisas realizadas na última década pelo Instituto Brasileiro de Geografia e Estatística (IBGE) e o Instituto de Pesquisa Econômica Aplicada (IPEA) evidenciaram uma permanente desigualdade entre brancos e negros[14] em todas as esferas da vida social. O Brasil aparece como a segunda maior nação negra do mundo, com 49,8% da sua população (THEODORO, 2008, p. 97), distribuída em todos os estados. No entanto, quanto aos indicadores sociais, os negros estão em evidente desvantagem em relação aos brancos. Segundo o PNAD de 2007, a taxa de desemprego aberto da população negra (9,30%) é quase dois pontos percentuais maior que a da população branca; 13,4% da população negra e 4,9% da população branca vivem em domicílios sem acesso a água canalizada e a rede geral. Em 2006, a média de escolaridade da população branca, com mais de 15 anos de idade, era oito anos, enquanto a mesma média para população negra era 6,2 anos, ou seja, a escolaridade média dos negros ainda não chegava ao nível fundamental (PAIXÃO & CARVANO, 2008, p. 183), indicador que reflete nos dados do último Censo (2000), o qual evidenciou que apenas 2,27% dos negros haviam concluído o ensino superior.

Tais evidências comprovam uma intensa disparidade social entre brancos e negros e, principalmente, questionam a ideia da vocação peculiar brasileira para a mestiçagem, expressa pela ideia de democracia racial, que teria nos legado um país onde inexistiria discriminação racial. Ao contrário, como já discutimos anteriormente, o que temos observado com a retomada contemporânea do debate sobre relações raciais é um sintoma importante de que os fundamentos raciais da nossa desigualdade entre brancos e negros permanecem inalterados.

---

12 Fernando Henrique Cardoso (FHC), no discurso da assinatura do decreto que cria o Grupo de Trabalho Interministerial para Valorização da População Negra (GTI – População Negra), no Palácio do Planalto em 20 de novembro de 1995.

13 Embora tenha sua gênese nas ciências biológicas, o conceito "raça" é interpretado e utilizado nas ciências sociais como um construto social que orienta e ordena a dinâmica e o discurso da vida social. Cf. Guimarães (2005); Stepan (1994); Costa (2002); Schwarcz (1999).

14 Considera-se aqui como negros o que a terminologia oficial denomina "preto" e "pardo" na identificação censitária. Cf. Guimarães (2003), p. 103.

A questão capital diante desse contexto de exclusão é: quais são as perspectivas teóricas e as medidas políticas capazes de mudá-lo?

Diante dessa problemática, o Estado permaneceu ausente durante muito tempo e apenas recentemente, durante a década de 1980, com o centenário da abolição da escravatura e a promulgação da nova Constituição, que tornou crime a prática de racismo;[15] iniciou-se uma moderada série de medidas de promoção da igualdade e enfrentamento da discriminação racial provenientes do Estado, como a criação em 1988 da Fundação Cultural Palmares com o objetivo de promover a preservação dos valores culturais, sociais e econômicos decorrentes da influência negra na formação da sociedade brasileira.

Durante o governo FHC (1995-2002) observamos uma definitiva intensificação de políticas visando a problemática racial. Além do Grupo de Trabalho Interministerial para Valorização da População Negra (GTI – População Negra) em 1995 também ocorreu a Marcha Zumbi dos Palmares, com a participação de integrantes do movimento negro. Em 1996 foi criado, por meio de decretos, o Programa Nacional de Direitos Humanos (PNDH) contendo um tópico destinado à população afro-brasileira, o Grupo de Trabalho para Eliminação da Discriminação no Emprego e na Ocupação (GTEDEO) e no mesmo ano, no dia 2 de julho, ocorreu o Seminário Internacional "Multiculturalismo e Racismo: o papel da ação afirmativa nos estados democráticos contemporâneos", organizado pelo Ministério da Justiça.

Visando sua participação na III Conferência Mundial de Combate ao Racismo, Discriminação Racial, Xenofobia e Intolerância Correlata promovida pela ONU, entre 31 de agosto a 08 de setembro de 2001, em Durban, na África do Sul, foi criado um ano antes o Comitê Nacional para a preparação da participação brasileira, formada por representantes governamentais e não governamentais; que participou de pré-conferências e encontros por todo país, intensificando e colocando definitivamente o debate sobre a temática racial na agenda nacional. Sobre essa intensificação de medidas, Guimarães diz que

> o presidente Fernando Henrique Cardoso passou a dar mais espaço para que a demanda por ações afirmativas, formulada por setores mais organizados do movimento negro brasileiro, se expressasse no governo. A razão para tal abertura deveu-se não apenas a sensibilidade sociológica do presidente, ou à relativa força social do movimento, mas também a difícil posição em que a doutrina da *democracia racial* encurralava a chancelaria brasileira em fóruns internacionais, cada vez mais freqüentados por ONG's negras. O país, que se vangloriava de não ter uma questão racial, era reiteradamente lembrado de

---

15 O Artigo 5º, parágrafo XLII da Constituição define: "[a] prática do racismo constitui crime inafiançável e imprescritível, sujeito à pena de reclusão, nos termos da lei". Esse parágrafo é regulamentado pela Lei nº 7.716, de 5 de janeiro de 1989, modificada depois pela Lei nº 9.459 de 13 de maio de 1997.

suas *desigualdades raciais*, facilmente demonstráveis pelas estatísticas oficiais, sem poder apresentar, em sua defesa, um histórico de políticas de combate a essas desigualdades (GUIMARÃES, 2003, p. 252, grifos do autor).

O retorno de Durban estabeleceu um novo fôlego nas ações antirracistas, principalmente, devido à divulgação do relatório oficial do governo brasileiro, incluindo a recomendação da adoção de cotas para estudantes negros nas universidades públicas e a criação do Conselho Nacional de Combate à Discriminação, com o objetivo de incentivar a criação de políticas públicas de ação afirmativa.

Data-se também o início de uma série de iniciativas ministeriais, entre elas, programas de ação afirmativa, instaurados pelo Ministério do Desenvolvimento Agrário, da Justiça e da Cultura. O Supremo Tribunal Federal torna-se um ator importante, pois ao aprovar um programa de ação afirmativa para si, indica, mesmo que indiretamente, considerar constitucional o princípio da ação afirmativa.

Também como consequência da Conferência cria-se o II PNDH, que amplia as metas de melhoria dos indicadores sociais referentes aos negros, incluindo o uso de medidas compensatórias.

Portanto, observa-se que as deliberações da Conferência influenciaram as ações governamentais, principalmente no âmbito administrativo de alguns ministérios, que assumiram as responsabilidades e os compromissos propostos nela.[16]

Em 2001 o governo fluminense estabeleceu leis[17] (3.524/2000, 3.708/2001) que determinaram um sistema de cotas para estudantes negros e oriundos de escola pública nos processos seletivos das universidades estaduais do Rio de Janeiro (UERJ e UENF), tornando-se a primeira iniciativa do país. No ano seguinte, a Universidade Estadual da Bahia (UNEB), a partir de um diálogo entre a sua comunidade acadêmica, o movimento social negro e a câmara de vereadores de Salvador,[18] estipulou para si um programa de ação afirmativa que contempla um sistema de cotas para estudantes negros em seus cursos de graduação e pós-graduação. Estava, portanto, inaugurado o processo de implementação da ação afirmativa nas instituições de ensino superior públicas do país.

---

16 Desde o governo FHC, 14 ministérios ou secretarias, incluindo órgãos subordinados, já previram orçamentos específicos para ações destinadas à população negra ou de equidade racial. São os seguintes: Agricultura, Pesca e Abastecimento, Ciência e Tecnologia, Cultura, Desenvolvimento Agrário, Desenvolvimento Social, Educação, Esporte, Justiça, Meio Ambiente, Relações Exteriores, Saúde, Secretaria de Promoção da Igualdade Racial, Trabalho e Turismo (PAIXÃO & CARVANO, 2008, p. 193).

17 Há no Tribunal de Justiça do Rio de Janeiro mais de duas centenas de mandados de segurança individual referentes às leis estaduais nº 3.524/2000, 3.708/2001 e às leis 4.061/2003 e 4.151/2003, que substituíram as duas primeiras. Também sobre essas leis foi ajuizada uma ação direta de inconstitucionalidade (ADIn) perante o Supremo Tribunal Federal.

18 Em 2001 foi aprovada pela Câmara da Cidade de Salvador, por unanimidade e em plenária, uma indicação do vereador Valdenor Cardoso que propunha a adoção por todas as universidades estaduais baianas a reserva de 20% de suas vagas para afrodescendentes.

Em 2003 a Lei nº 10.639,[19] primeira medida política referente ao tema racial do governo Lula, estabeleceu a obrigatoriedade da temática "História e Cultura Africana e Afro-Brasileira" no currículo oficial da rede de ensino. No mesmo ano houve a criação da Secretaria Especial de Políticas e Promoção de Igualdade Racial (SEPPIR), com status de ministério, que entre outros objetivos visa

> promover a igualdade e a proteção dos direitos de indivíduos e grupos raciais e étnicos afetados pela discriminação e demais formas de intolerância, com ênfase na população negra e promover e acompanhar o cumprimento de acordos e convenções internacionais assinados pelo Brasil, que digam respeito à promoção da igualdade e combate à discriminação racial ou étnica.[20]

Ressalta-se que essa permanência das políticas de combate às desigualdades raciais na pauta da agenda nacional durante o governo Lula pode sinalizar a consolidação de uma política de Estado em relação ao tema.

Outro impulso no debate político e legislativo da ação afirmativa refere-se aos dois principais, entre os mais de cem, projetos de lei sobre questões raciais em tramitação no Congresso Nacional: o Projeto de Lei nº 73/99,[21] apresentado pela deputada Nice Lobão, que visa a adoção de programas de cotas sociais e raciais nos vestibulares de universidades públicas do país e o Projeto de Lei nº 6.264/05 do senador Paulo Paim, que institui o Estatuto da Igualdade Racial.

A disputa política em torno desses projetos de lei resultou em audiências com os representantes do Congresso solicitadas por grupos favoráveis e contrários à ação afirmativa com critérios raciais. Em junho de 2006 os então presidentes do Senado e da Câmara, Renan Calheiros e Aldo Rebelo, receberam das mãos de um grupo formado por diversos setores da sociedade um manifesto[22] desfavorável à aprovação das leis que pretendem estabelecer cotas raciais nas universidades públicas e ao Estatuto da Igualdade Racial. Menos de uma semana depois (04/07/2006) um grupo favorável à aprovação das respectivas leis, também composto por diversas áreas de conhecimento e atuação política, entregou um manifesto aos mesmos presidentes das casas legislativas anteriormente citadas.

---

19 A Lei nº 10.639/03 modificou a Lei nº 9.394/96 (LDB) e em 10 de março de 2008 esta foi novamente alterada pela Lei nº 11.645/08, que acrescentou a obrigatoriedade do estudo da história e da cultura indígena.
20 Disponível em: <http://www.presidencia.gov.br/estrutura_presidencia/seppir/sobre/>. Acesso em: 22 set. 2009.
21 O PL 73/99 foi apensado ao PL 3.627/2004 do governo federal (que já continha dois PL apensados – 615/2003 e 1.313/03 – que dispõem da reserva de vagas para índios nas universidades) e apresentado como substitutivo pelo relator da Comissão de Educação, deputado Carlos Abicalil (PT-MT).
22 Um conjunto de mais de trinta signatários deste manifesto publicou em 2007 o livro *Divisões Perigosas: Políticas raciais no Brasil contemporâneo* (FRY et al., 2007), que contém uma coletânea de 48 artigos publicados na mídia impressa entre 2000 e 2007.

3.4.1 Ação afirmativa e Educação

Embora esse cenário de disputa esteja no foco das atenções, é importante notar que a discussão sobre a ação afirmativa nas universidades públicas aponta para um debate político e estratégico maior, que corresponde à delimitação e elaboração de qual projeto de políticas públicas educacionais o Estado brasileiro adotará, o qual poderá dispor de duas vertentes fundamentais. Uma corresponde a permanecer nos caminhos historicamente estabelecidos pelas políticas universalistas e o outro significa uma mudança que abarcará a transversalidade das diferenças raciais na composição nacional, a partir das perspectivas de reparação, reconhecimento, valorização e afirmação de grupos historicamente discriminados, ou seja, as políticas focalizadas ou afirmativas.

Outro ponto importante dentro do debate de políticas públicas educacionais e que influencia demasiadamente as discussões sobre os caminhos da ação afirmativa no país corresponde ao compromisso afirmado pelo Estado brasileiro de prover, até o final da década (2010), a oferta de educação superior para, pelo menos, 30% da faixa etária de 18 a 24 anos (o que equivale a trinta milhões de jovens), dos quais somente 11% estão matriculados no ensino superior, considerando o setor público e o privado. O governo comprometeu-se também em ampliar a oferta de ensino público de modo a assegurar uma proporção nunca inferior a 40% do total das vagas. Sobre esses compromissos, Pacheco & Ristoff (2004) afirmaram que para atingi-los "o Brasil não poderá depender unicamente da força inercial instalada, devendo intervir em pontos em que as evidências indicam que a inclusão de grandes contingentes populacionais só poderá ocorrer com a participação decisiva do poder público" (PACHECO & RISTOFF, 2004, p. 7).

Diante dessas demandas o governo federal, por meio do Ministério da Educação (MEC), estabeleceu dois programas: o ProUni (Programa Universidade para Todos) e o REUNI[23] (Programa de Apoio ao Plano de Reestruturação e Expansão das Universidades Federais).

O PROUNI foi criado em 2004 e institucionalizado pela Lei nº 11.096, em 13 de janeiro de 2005 e fornece bolsas universitárias no setor privado a estudantes provenientes do ensino médio público com renda per capita familiar máxima de três salários mínimos, sem reservas específicas para grupos étnico-racias historicamente discriminados, como negros e índios, pois estava subentendido para os propositores do programa que o recorte econômico abarcaria automaticamente tais grupos.

---

23 O REUNI tem como objetivo, segundo o Decreto 6.096/07 que o estabelece, criar condições para a ampliação do acesso e permanência na educação superior, no nível de graduação, pelo melhor aproveitamento da estrutura física e de recursos humanos existentes nas universidades federais. Para ler o Decreto na íntegra acesse: <http://200.156.25.73/reuni/D6096.html>.

Tal medida gerou críticas ao MEC. Primeiro, porque se trata de transferência de recursos e verba pública ao setor privado. Segundo, porque tal estratégia contribui para a decadência do ensino superior público e a crescente privatização do setor (dados[24] do Inep[25] mostram que o Brasil está entre os países com a educação superior mais privatizada do planeta). Terceiro, porque reforçaria a segmentação já estabelecida na qual os alunos das boas escolas de ensino médio (privadas) vão para as universidades públicas, detentoras do melhor ensino e de maior prestígio social, enquanto os demais alunos que demandam por vagas são encaminhados para as universidades privadas. Por fim, uma crítica que se referia ao não reconhecimento da necessidade de políticas especiais destinadas aos jovens negros. Sobre isso, Vieira (2003, p. 279) argumenta que

> o governo federal tem se pronunciado quanto às dificuldades enfrentadas pela população negra no país. Mas, mesmo quando propõe criação de iniciativas compensatórias, as direciona para a população carente, considerando que também os negros estarão contemplados.

Todavia, a partir de 2006 o Programa incluiu uma política afirmativa de cotas que assegura bolsas às pessoas com deficiência e aos autodeclarados pretos, pardos ou indígenas. A porcentagem das cotas destes últimos é calculada de acordo com os dados de cada Unidade da Federação, segundo o último censo do IBGE (2000). O site oficial do ProUni anuncia que já foram oferecidas 112 mil bolsas integrais e parciais em 1.142 instituições particulares de ensino superior em todo o Brasil e que pretende, nos próximos quatro anos, disponibilizar 400 mil novas bolsas.

Diante dessa inclusão de um critério racial na disposição das bolsas cedidas pelo PROUNI, a Confederação Nacional dos Estabelecimentos de Ensino (Confenen), que já havia ajuizado uma Ação Direta de Inconstitucionalidade (ADIn) sobre as leis estaduais fluminenses que estabeleceram cotas no vestibular da UERJ e UENF, ajuizou uma segunda contestando o sistema de cotas do PROUNI. Tais Ações serão em breve julgadas pelo Supremo Tribunal Federal (STF), o que gerou, na primeira quinzena de maio de 2008, mais uma rodada de entregas de manifestos, um contrário e outro favorável, mais ou menos pelos mesmos grupos dos primeiros manifestos apresentados ao Congresso em 2006, mas, desta vez, o destino foi o STF, por meio do seu presidente.

Além dos Projetos de Lei nº 73/99 e 6.264/05 em tramitação no congresso, o fato de variadas empresas (DuPont, Banco Real, Unilever, Fersol, etc.) e mais de sessenta instituições de ensino superior públicas,[26] estaduais e federais, já

---

24 Cf. Pacheco & Ristoff (2004, p. 10).
25 Instituto Nacional de Estudos e Pesquisas Educacionais Anísio Teixeira.
26 Para conhecimento da listagem mais atualizada destas IES consulte <http://www.manifestopelascotas.com.br>.

adotarem um programa de ação afirmativa, sendo mais da metade destas com algum modelo de crivo racial, colabora para o aquecimento do debate sobre a questão e o coloca cada vez mais em evidência.

As transformações na organização social brasileira implicaram em reformas nas políticas educacionais adotadas pelo Estado. Tais reformas educacionais precedentes à redemocratização vislumbraram a elitização do ensino, utilizando o espaço escolar como um de seus principais meios de efetivação.

O posicionamento do movimento negro, enquanto representativo dos demais "grupos minoritários" excluídos do processo educacional vigente, é ilustrativo das divergências e embates na esfera política. Segundo Rodrigues (2005), a ausência da discussão acerca do tema racial na educação cede lugar à concepção de que "a educação como política pública deve responder às necessidades do conjunto da nação sem distinções de raça e cor [...]" (RODRIGUES, 2005, p. 74).

Considerando a execução de planos educacionais como vias de diálogo e de possíveis negociações em relação aos modelos, objetivos, agentes e receptores do processo de formação constituído por meio da instituição escolar, suscitaram-se importantes debates.

> Tendo em vista que a cultura e sua transmissão contam, nas sociedades contemporâneas, com poderoso suporte dos sistemas educacionais (sistemas estes que consomem grande parte da vida dos indivíduos) e como a educação, qualquer que ela seja, está integralmente centrada na cultura, pode-se entender porque os multiculturalistas fizeram da instituição escolar seu campo privilegiado de atuação (GONÇALVES & SILVA, 2003, p. 11).

Discutir a constituição do currículo no sistema educacional, partindo de análises das políticas educacionais vigentes, une percepções de um modelo instituído sob características e padrões educacionais, sociais e culturais que alocaram subalternamente a pluralidade de vivências dos sujeitos constituintes da realidade social sob a qual esse currículo se aplica.

Os Parâmetros Curriculares Nacionais (PCNs) mediam diferentes características que compõem os processos de identificação, possibilitando a constituição de espaços e relações sociais menos hierarquizadas, que consequentemente possibilitam a expansão da pluralidade cultural.

A inserção dos Temas Transversais aos PCNs – documento utilizado como uma das referências para a educação no país, estabelecendo parâmetros às práticas educativas, metodologias de aula, materiais didáticos e aos programas educativos – iniciou um processo de ampliação da discussão sobre diversidade sem, no entanto, abandonar por completo as concepções da homogeneização cultural.

Esse tema abarcou uma ampla discussão sobre diversidade, sem tocar especificamente nas questões específicas em relação aos grupos discriminados dos quais faz referência, entre eles a população negra. O entendimento do tema se voltou para a constituição de um padrão de diversidade na sociedade brasileira sob o conceito da igualdade e da homogeneização cultural.

No Plano Nacional de Educação (2001, p. 8) a educação é pensada enquanto "elemento constitutivo da pessoa e, portanto, deve estar presente desde o momento em que ela nasce, como meio e condição de formação, desenvolvimento, integração social e realização pessoal". O espaço escolar é, portanto, um dos elementos constituintes, segundo esse documento, da construção das identidades sociais, do processo formativo dos sujeitos e da socialização dos indivíduos e grupos.

A diferença é problematizada de maneira ainda irrisória nas políticas públicas, pois essas optam, em concomitância a um modelo de desenvolvimento nacional, por apontar debates e realidades sociais que reafirmaram a concepção da homogeneidade cultural (políticas universalistas). Esse modelo se configura sob concepções da democracia racial, alicerçadas no apagamento de quaisquer diferenças constituintes das identidades individuais e coletivas. A diferença como constituinte das culturas que compõem o Estado-Nação se insere no plano da igualdade de oportunidades e convivência culturalmente harmônica entre todos os indivíduos no território nacional.

A implementação de políticas de ação afirmativa que tenham como parâmetro a diferença representada pela raça recoloca no debate político contemporâneo a fragilidade presente nas teses em que a diferença racial foi encoberta sob o manto da democracia racial. As décadas de intenso crescimento econômico, a mobilidade ascendente de determinados grupos raciais e as posições ocupadas pela população negra nos indicadores educacionais ou no mercado de trabalho (indicadores que se estendem por um amplo quadro social) expõem as incongruências do "paraíso racial" que seria a sociedade brasileira. Abdicar da diferença racial como categoria analítica fundadora da sociabilidade brasileira (COSTA, 2002) pouco ou nada contribui para a compreensão das complexas relações existentes no Brasil. A categoria raça merece destaque, pois não se trata de categoria de extração biológica da qual se poderia relacioná-la a padrões morais e comportamentais e não se trata de nada que seja inerente a esta ou aquela raça. Ao mesmo tempo, não se trata de apostar num essencialismo que em nada auxilia a compreender a dinâmica política das relações sociais e raciais no país. A tônica é a da politização da categoria raça. Esse parece ser um dos grandes emblemas que se repõem no debate sobre as ações afirmativas no ensino público superior no país, pois a utilização da categoria raça parece inaugurar, a partir das iniciativas do Movimento Negro desde fins da década de 1970, uma nova estratégia de combate às práticas de discriminação racial (BRAH, 2006).

As políticas de ação afirmativa sob o olhar da diferença e o debate suscitado por essa perspectiva parecem demonstrar que esse olhar possui importância maior que aquela atribuída por quem o critica. Concomitantemente, cresce e se intensifica, junto a amplos setores da sociedade, o apoio às políticas marcadas pelo reconhecimento da diferença apoiada na raça. Por esse viés, temos uma possibilidade histórica, teórica e política de compreender como os processos e as alternativas em voga, desde o início do século XX, puderam transformar a diferença racial em desigualdade estrutural, como indicam dados mais recentes do IBGE e do IPEA.

No campo educacional, palco principal do debate contemporâneo sobre as ações afirmativas, tal desigualdade baseada na raça é secular. Os argumentos desenvolvidos e o tratamento estatístico dado por Henriques (2001) à evolução dos níveis educacionais para a população brasileira, entre meados da década de 1920 e 1970 com desdobramentos nas gerações seguintes, não permitem que tenhamos dúvidas em relação ao que vimos afirmando.

A defesa de ações afirmativas, a partir da diferença, possibilita-nos empreender novos arranjos sociais de forma que as características adstritas não sejam consolidadas, na trama social, em desvantagens – como tem ocorrido secularmente nas relações sociais da sociedade brasileira em desfavor dos negros. Essa dimensão é bem captada por Silvério (2005), quando nos diz que:

> Em contraste com a política de oportunidades iguais, a AA é uma política que reconhece os obstáculos sociais para determinados grupos, de fato existentes. No Brasil os afrodescendentes tiveram reiteradamente negado o direito de viver e atuar enquanto cidadãos, ficando os avanços no sentido desta conquista unicamente às expensas da própria população negra, por meio de iniciativas de diferentes grupos que compõem o Movimento Negro. [...] Um programa de ações afirmativas exige, pois, que se *reconheça a diversidade étnico-racial* da população brasileira; que se restabeleçam relações entre negros, brancos, índios, asiáticos em novos moldes; que se corrijam distorções de tratamento excludente dado aos negros; que se encarem os sofrimentos a que têm sido submetidos, não como um problema unicamente deles, mas de toda a sociedade brasileira (SILVÉRIO, 2005, p. 146-147, grifo nosso).

O reconhecimento dessa diversidade inclui, em nosso modo de compreender, a adoção da categoria raça como elemento norteador de políticas públicas que têm por fundamento, por um lado, a superação da desigualdade e, por outro, o redimensionamento das contribuições dadas pela população negra na construção do país.

Ainda que a atual polêmica pareça estar restrita à adoção de cotas raciais nas universidades públicas, ressaltamos que a amplitude de políticas dessa extração é de maior alcance do que tem sido acentuado no debate em curso; ao aprofundarmos a perspectiva de que há uma importante dimensão na implementação de ações afirmativas, qual seja, a diferença, torna-se inevitável incluir nessa discussão a implementação da lei que, ao alterar a Lei de Diretrizes e Bases da Educação Nacional, tornou obrigatório o ensino de africanidades, tendo como elementos norteadores a História, a Cultura, as Letras e as Artes africanas e da diáspora. Esse parece ser um desafio para a sociedade brasileira neste limiar de século; desafio que além de promover a igualdade, deve reconhecer a diferença.

Aqui, a intransigente defesa da aplicação dos norteadores da Lei 10.639/03, que alterou a LDB, insere por meio da obrigatoriedade do ensino de história e cultura africana e afro-brasileira, como já mostramos, a politização da temática no ambiente escolar e incorpora, nas políticas educacionais, a valorização e o reconhecimento da diferença, especificamente da diferença étnica e racial.

Nesse sentido, é de importância crucial compreender que a Lei 10.639/03 inaugura uma possibilidade histórica de proporções ainda não completamente mensuradas. Do nosso ponto de vista, essa Lei – assim como a Lei 11.645/08, que introduz a obrigatoriedade do ensino sobre as etnias indígenas do país – reconhece densamente as diferenças étnicas e raciais, remetendo-as para o processo de formação escolar. Para além do reconhecimento já citado, as referidas leis, ao serem incorporadas na escola, podem corroborar com um segundo movimento, a participação no processo de formação das identidades sociais coletivas. Ou seja, ampliando-se o escopo de análise sob o impacto desses movimentos legais, podemos afirmar que a inserção desse debate no campo educacional poderá, em certo espaço de tempo, gerar novos debates e diferentes percepções acerca das diferenças sociais e raciais entre os sujeitos.

Considerando análises dos documentos que instauram as políticas públicas educacionais, como a LDB e o PNE, interpretados como principais parâmetros legais e compromissos assumidos pelo Estado na efetivação dessas medidas público-estatais, temos a oportunidade de problematizar e discutirmos, com colegas e futuros/as educandos/as, como a diferença é pensada e alocada.

3.4.2 Afinal, o que é ação afirmativa?

Um dos princípios básicos da ação afirmativa é a promoção da igualdade material, portanto presume-se que sua utilidade restrinja-se a contextos em que as diferenças histórica e socialmente construídas marquem pejorativamente grupos que, por serem alocados no polo negativo da desigualdade, sofrem escassez e supressão de direitos, prestígio, propriedade, conhecimento e oportunidades. No Brasil, os negros inegavelmente compõem esse polo, que nos últimos anos tem sido o foco propulsor da política afirmativa do país.

Jaccoud & Beghin (2002) demonstram que o combate à desigualdade racial deve ser realizado em vertentes diferentes, pois é necessário combater as frentes de legitimação da discriminação: 1) o racismo, "ideologia que apregoa a hierarquia entre grupos raciais" (JACCOUD & BEGHIN, 2002, p. 34) e 2) o preconceito racial, "predisposição negativa face a um indivíduo, grupo ou instituição assentada em generalizações estigmatizantes sobre a raça a que é identificado" (JACCOUD & BEGHIN, 2002, p. 34). Portanto, no que se refere ao combate destas, deve-se considerar o fator preponderantemente subjetivo de suas construções, o que os torna tais fenômenos insuscetíveis de punição por parte do Estado – tornando preferíveis as medidas persuasivas ou valorizativas, que buscam redefinir o sentido da pluralidade racial e reconstruir positivamente o papel social do negro.

Ao mesmo tempo, deve-se enfrentar diferentemente as formas direta e indireta da discriminação racial. A forma direta, "derivada de atos concretos de discriminação, que o discriminado é excluído expressamente por sua cor" (JACCOUD & BEGHIN, 2002, p. 37), deve ser enfrentada pelo Estado por medidas penais dirigidas contra os indivíduos que executam atos discriminatórios.

A discriminação indireta

> redunda em uma desigualdade não oriunda de fatos concretos ou de manifestação expressa de discriminação por parte de quem quer que seja, mas de práticas administrativas, empresariais ou de políticas públicas aparentemente neutras, porém dotadas de grande potencial discriminatório (GOMES, 2001, p. 23).

Deve ser combatida inversamente, por meio de medidas que tenham como objetivo a promoção social de grupos historicamente discriminados, com a finalidade de alterar sua posição inferior nas diversas dimensões sociais.

Tais medidas são caracterizadas como ações afirmativas, ou seja,

> medidas especiais e temporárias, tomadas pelo Estado e/ou pela iniciativa privada, espontânea ou compulsoriamente, com o objetivo de eliminar desigualdades historicamente acumuladas, garantindo a igualdade de oportunidade e tratamento, bem como de compensar perdas provocadas pela discriminação e marginalização, por motivos raciais, étnicos, religiosos, de gênero e outros (BRASIL,1996, p. 10).

Gomes complementa que

> as ações afirmativas se definem como políticas públicas (e privadas) voltadas à concretização do princípio constitucional da igualdade material e a neutralização dos efeitos de discriminação racial, de gênero, de idade, de

origem nacional e de compleição física. Na sua compreensão, a igualdade deixa de ser simplesmente um princípio jurídico a ser respeitado por todos, e passa a ser um objetivo constitucional a ser alcançado pelo Estado e pela sociedade (GOMES, 2003, p. 21).

> E há entre os objetivos almejados com as políticas afirmativas o de induzir transformações de ordem cultural, pedagógica e psicológica aptas a subtrair do imaginário coletivo a idéia de supremacia e subordinação de uma raça em relação à outra (GOMES, 2001, p. 44).

Contudo, esses fundamentos das políticas afirmativas ainda geram embates discursivos no país, baseados, principalmente, na concepção de sociedade brasileira e metas para tal que cada "lado" (favorável ou contrário às ações afirmativas) possui em seu arcabouço teórico, analítico e político.

Guimarães (2005) levanta os três principais argumentos contrários à ação afirmativa com intuito de revidá-los dentro do debate sociológico. O primeiro diz que tais políticas contrariam os ideais de uma sociedade liberal, democrática e igualitária, dito de outra forma, elas são vistas como um rechaço ao princípio universalista e individualista do mérito. O autor argumenta que

> o princípio da ação afirmativa encontra seu fundamento na reiteração do mérito individual e da igualdade de oportunidades como valores supremos: a desigualdade de tratamento no acesso aos bens e aos meios justifica-se, apenas, como forma de restituir a igualdade de oportunidades, e, por isso mesmo, deve ser temporária em sua utilização, restrita em seu escopo, e particular em seu âmbito (GUIMARÃES, 2005, p. 197).

A ação afirmativa é entendida, portanto, como um mecanismo para promover a equidade e a integração social.

O segundo argumento diz que ação afirmativa corresponde ao reconhecimento de diferenças raciais entre os brasileiros, contrariando nosso credo antirracialista nacional. Guimarães (2002) argumenta que

> sob os ideais progressistas de negação das raças humanas e da afirmação de um convívio democrático entre as raças vicejam preconceitos e discriminações que não se apresentam como tais, o que termina por fazer com que esses ideais e concepções continuem a alimentar as desigualdades sociais entre brancos e negros (GUIMARÃES, 2002, p. 74).

Ou seja, o antirracialismo brasileiro não evitou as consequências desse racismo "sorrateiro" existente em suas relações sociais, entretanto, este deve ser combatido e para isso as ações afirmativas se mostram eficazes.

O terceiro argumento diz que no Brasil não existem condições reais e práticas para implementação dessas políticas devido à indefinição de fronteiras raciais em seu meio social como consequência da sua mestiçagem característica. Como revide, Guimarães (2002, p. 74) afirma que "a divisão entre brancos e negros está presente em nosso cotidiano, ainda que outras formas de classificação pareçam sobrepujá-la". E para o autor está claro que a necessidade de se definir como negro implicará em vantagens e desvantagens; desde que a autoclassificação seja garantida pelo Estado.

De uma forma interessante Andreas Hofbauer (2006) discorre sobre o que ele entende ser os dois lados (contrário e favorável) da disputa argumentativa pela ação afirmativa no Brasil. O autor identifica o corpo discursivo contrário à ação afirmativa mais próximo à tradição teórica da Antropologia Social e Cultural, enquanto os favoráveis correspondem a uma tradição de viés mais sociológico, oriundos dos estudos das relações raciais.

A base dos argumentos da corrente contrária, segundo Hofbauer (2006), surge da crítica às teorias raciais ligadas ao evolucionismo clássico. Essa crítica buscava substituir conceitual e analiticamente a ideia da raça por meio de uma noção sistêmica de cultura.[27] Esse projeto de análise das sociedades teve ampla recepção entre os cientistas sociais brasileiros e/ou "brasilianistas", o que refletiu em inúmeras obras teóricas que difundiram o valor ou o ideal de que as relações sociais nacionais seriam miscigenadas, arracializadas e, logo, não segregadas. Desse modo, para os intelectuais e diversos setores da sociedade ligados a essa linha de pensamento, a ação afirmativa é uma agressão ao modelo ou ao estilo de vida social dos brasileiros, pois, segundo eles, exigiria uma inflexão racialista, fato que corromperia o *ethos* brasileiro.

O contraponto estaria na produção teórica que associou as desigualdades sociais às diferenças raciais, como fruto de mecanismos e normas racistas. Tal perspectiva, portanto, visualiza como precondição para a superação dessas assimetrias o fortalecimento das identidades raciais como viabilização de políticas promotoras da igualdade almejada.

Esse embate entre a defesa de um *ethos* ou de um "grupo racial" tem, segundo o autor, enrijecido o debate crítico em torno da problemática maior que envolve a ação afirmativa, o que de fato não contribui para aprofundar a compreensão dos dispositivos de poder[28] históricos que normatizam os processos discriminatórios

---

27 Gilberto Freyre, a partir da tutela intelectual de Franz Boas, é um dos principais expoentes dessa corrente no Brasil.
28 Conceito fundamental da analítica do poder de Foucault, que não compreende o poder como algo rígido e fixo, mas como um feixe de relações estratégicas mais ou menos coordenado, o que demanda a análise, sempre contextualizada, de um conjunto heterogêneo e estratégico de discursos, práticas, instituições, saberes, leis, etc. que normatizam e gerenciam a ordem social estabelecida.

do país, e, muito menos, caminhos que efetivamente confrontem e transformem a ordem social estabelecida.

Joan W. Scott (2005), ao se debruçar sobre a tensão estabelecida entre igualdade e diferença, ou melhor, direito individual e identidade de grupo, uma das tensões principais da discussão sobre ação afirmativa, aponta uma distinta possibilidade de analisá-la, pois evita posicionar os conceitos (igualdade e diferença) em situações opostas, pois isso significaria, para ela, ignorar o ponto das suas interconexões, essencial para compreender articulação paradoxal existente. Nas suas palavras, "as tensões se resolvem de formas historicamente específicas e necessitam ser analisadas nas suas incorporações políticas particulares e não como escolhas morais e éticas intemporais" (SCOTT, 2005, p. 14).

Para Scott (2005), essa tensão não pode ser equacionada, pois ela é uma consequência das formas pelas quais a diferença é utilizada para organizar a vida social, ou seja, as identidades coletivas, para ela, são meios inevitáveis de organização social. Um meio que é ao mesmo tempo necessário e insuficiente, pois a diferença é paradoxalmente um instrumento de discriminação e de protesto contra a discriminação. É o caminho por meio do qual e contra o qual as identidades individuais são articuladas.

Diante disso, a autora afirma que "como qualquer política afirmativa não é perfeita" (SCOTT, 2005, p. 22), mas seu desenvolvimento histórico não permitiu apenas um legado de ações políticas; permitiu, principalmente, uma teoria sobre as relações entre indivíduos e grupos, direitos políticos e responsabilidades sociais.

> Foi uma teoria baseada na noção do liberalismo de que o indivíduo (concebido como uma abstração singular e não corporificada) era a categoria universal do ser humano. A ação afirmativa se remetia ao fato de que as práticas sociais tinham impedido algumas pessoas de serem incluídas nessa categoria universal e buscava remover os obstáculos para a realização de seus direitos individuais. Esses obstáculos tomaram a forma de identidades de grupo, cujas características - ao longo da história - foram definidas como antitéticas à individualidade. O cerne da ação afirmativa foi possibilitar que indivíduos fossem tratados como indivíduos, e portanto como iguais. Mas para conseguir isso eles precisariam ser tratados como membros de grupos. Isso levantou a questão da relação entre pertença de grupo e identidade pessoal, individual de formas profundamente difíceis (SCOTT, 2005, p. 22).

Questão que a autora afirma não ter solução, nem mesmo com desmantelamento da própria política, pois a relação entre indivíduos e grupos corresponde a um processo de negociação historicamente contextualizado e constantemente transformado (SCOTT, 2005, p. 23).

A ação afirmativa, para a autora, surge nesse processo como uma política paradoxal, pois objetivando acabar com a discriminação esta lançou mão da diferença; visando tornar a identidade de grupo irrelevante ao tratamento dado aos indivíduos, ela reafirmou a própria identidade de grupo. Isso, para a autora, foi inevitável, tendo em vista que os termos democráticos liberais estabelecidos referem-se a indivíduos "abstratos e desincorporados", com o intuito de garantir a igualdade completa destes perante a lei. No entanto, a prática cotidiana demonstra que os indivíduos não contemplam essa "abstratividade" e, portanto, não são iguais, pelo contrário,

> sua desigualdade repousa em diferenças presumidas entre eles, diferenças que não são singularmente individualizadas, mas tomadas como sendo categóricas. A identidade de grupo é o resultado dessas distinções categóricas atribuídas (de raça, de gênero, de etnicidade, de religião, de sexualidade... a lista varia de acordo com tempo e espaço e proliferou na atmosfera política da década de 1990). Atribuições a identidades de grupo tornaram difícil a alguns indivíduos receber tratamento igual, mesmo perante a lei, porque a sua presumida pertença a um grupo faz com que não sejam percebidos como indivíduos (SCOTT, 2005, p. 23).

O ponto chave, para a autora, situa-se no fato de que "o indivíduo" tem sido concebido em termos singulares e sido representado tipicamente como "homem branco".

> A dificuldade aqui tem sido a de que a abstração do conceito de indivíduo mascara a particularidade da sua figuração. Somente aqueles que não se assemelham ao indivíduo normativo têm sido considerados diferentes. A dimensão relacional da diferença - seu estabelecimento em contraste com a norma - também tem sido mascarada. A diferença tem sido representada como um traço fundamental ou natural de um grupo enquanto a norma padronizada (o indivíduo homem branco) não é considerada como possuidora de traços coletivos (SCOTT, 2005, p. 24).

Portanto a ação afirmativa compreendeu, por exemplo, que os negros nunca seriam tratados como indivíduos porque não são brancos, assim já estão alocados em categorias outras intrinsecamente coletivas. Diante disso tentou preencher a lacuna entre o legal (ideal) e o social (prática), ou seja, entre os direitos dos indivíduos (abstratos e universais) e os limites estabelecidos sobre eles em razão de sua suposta identidade coletiva. E para isso teve que reconhecer e corrigir o problema pela via paradoxal: para combater a discriminação teve-se que praticá-la com a lógica invertida, ou seja, incluir "indivíduos não normativos" a partir das categorias coletivas identitárias que o excluem. Mas as contradições não acabaram, pois embora os defensores da ação afirmativa não atacassem diretamente a associação de universalidade e individualidade ao homem branco, suas políticas tinham o efeito de particularizar a norma. O homem branco se tornou visível como uma categoria estatística e um grupo social, e no clima diferente dos anos 1990 começou a reivindicar que ele também era vítima de discriminação! Essa reivindicação somente poderia ser feita por meio da desconsideração das relações de poder que a ação afirmativa buscava modificar e é importante notar que a ação afirmativa havia construído em seu bojo uma análise de poder. Ela tratava o poder de discriminar como uma questão estrutural; não como uma motivação individual consciente, mas como um efeito inconsciente dessas estruturas. Ela analisou o poder como resultado de uma longa história de discriminação que produziu instituições e atores que tomaram a desigualdade como algo dado. A ação afirmativa usou a força do governo federal para retificar desigualdades sociais e para garantir o acesso de indivíduos (a empregos e à educação) que previamente haviam sido rejeitados com base no gênero, bem como na raça (SCOTT, 2005, p. 25).

Por fim, a autora aponta que enquanto busca promover oportunidades para indivíduos não normativos, a política afirmativa tem como premissa a justiça social e a igualdade de oportunidades que gerem uma sociedade menos hierarquicamente organizada em termos das diferenças não normatizadas. Portanto, em última instância, as demandas oriundas dos grupos-foco da ação afirmativa são demandas de todos que anseiam a concretização plena dos direitos fundamentais e democráticos de uma sociedade ou nação.

Esse processo de nacionalização das demandas sociais dos grupos identitários é tão pertinente e evidente que se torna curiosa a sua ausência nos debates e propostas em torno da ação afirmativa no Brasil, por exemplo, no que tange as demandas do movimento social negro.

Tendo em vista que, embora não completamente garantidos, vivemos sob os princípios fundamentais da democracia liberal (Propriedade, Liberdade, Vida e Igualdade) e que tais princípios povoam o imaginário social dos brasileiros e, principalmente, norteiam a elaboração de políticas públicas do país, é salutar discutir dentro desses paradigmas, mesmo que com ressalvas ao modelo em si.

Uma avaliação cuidadosa dos nossos problemas sociais mais gritantes perceberá que as reivindicações do movimento social negro possuem uma transversalidade relevante na discussão que visa seus equacionamentos. Partindo da esfera da propriedade ou da econômica, há evidências da preponderância de negros nas condições mais problemáticas e preocupantes, como desemprego, informalidade, trabalho mal remunerado e pobreza extrema, além dessa parcela da população estar entre os mais atingidos pela má distribuição de renda e em períodos de crise e inflação.

Na esfera da preservação da vida, temos também comprovações alarmantes da transversalidade racial nos problemas que envolvem, principalmente, os sistemas públicos de segurança e saúde. Haja vista o alto índice de violência que envolve negros, a sua expressa maioria nos sistemas carcerários (seja para maiores ou menores de idade), além do despreparo dos policiais que assimilaram uma predisposição preconceituosa de associação do negro ao crime, fenômeno que resulta em verdadeiras "chacinas raciais" nas periferias do país. Já o caos estabelecido no sistema público de saúde tem respingos relevantes na situação precária dos negros brasileiros. Além do óbvio de serem maioria entre os que dependem e sofrem com a ineficiência dos hospitais e atendimentos médicos públicos; e entre os que habitam regiões de alta insalubridade; praticamente inexistem programas que forneçam em larga escala informações específicas sobre doenças com maior incidência na população negra, como a anemia falciforme, por exemplo.

Essa reflexão que ressalta a questão racial em meio aos mais graves problemas sociais brasileiros não é recente e também não tem a intenção de essencializar ou vitimizar a população negra, pelo contrário, seu intuito é, primeiro, demonstrar que não se pode elaborar teorias e políticas sociais sem a compreensão dessa transversalidade e, segundo, constatar que os ditos problemas raciais são, na verdade, problemas nacionais de interesse de todos que anseiam completar e alcançar os direitos democráticos do país, dito de outra forma, tal reflexão alerta para a necessidade de nacionalizar as demandas sociais dos negros sem perder de vista sua transversalidade sociológica.

A luta por uma igualdade que supere a simples formalidade, atinja a materialidade e que promova a verdadeira igualdade de oportunidades[29] é uma bandeira do movimento social negro que reivindica 1) direitos ainda não atingidos por uma parcela dos cidadãos; 2) combate às práticas discriminatórias e 3) uma transformação de toda a ordem social, portanto configura-se uma luta que extrapola seu escopo "racial" ou seus limites identitários e abarca outros grupos e situações subalternas e marginalizadas de nossa sociedade, como os pobres, índios, mulheres, gays (movimento LGBTT), portadores de necessidades especiais, nordestinos e nortistas, etc.

Essa amplitude do escopo das políticas e transformações defendidas pelo movimento social negro pode ser evidenciada, por exemplo, nos diversos modelos de programas de ação afirmativa implementados em nossas universidades públicas; que por razões distintas (discordância teórica; negociações políticas, diferenças regionais, autonomia universitária, etc.) possuem como alvo de suas políticas grupos identitários diferenciados, entretanto, todas essas políticas convergem no fato de serem oriundas das lutas e demandas sociais dos negros.

---

29 Cf. Zoninsein & Feres Junior (2008).

3.4.3 Ações afirmativas com critério racial no Brasil: por que só agora?

Como já foi dito, as desigualdades raciais no país, por meio de uma série de investigações demográficas, foram reconhecidas como um fato incontestável e graças às incessantes denúncias e demandas advindas, principalmente, do movimento social negro, constituem um problema a ser enfrentado pelo Estado brasileiro. O equacionamento desse problema pauta a agenda nacional há mais de uma década, entretanto a definição de qual perspectiva teórico-política deve conduzir as propostas e práticas que promovam as soluções almejadas parece estar longe de um consenso nacional.

O embate configura-se, sobretudo, a partir de duas perspectivas. De um lado estão aqueles que compreendem tais desigualdades e mazelas sociais por uma perspectiva predominantemente econômica, desconsiderando "total ou parcialmente as articulações entre o ser pobre e o ser negro" (SILVÉRIO, 2004, p. 65). A solução decorrente dessa concepção baseia-se em políticas de cunho universalista, que quando muito consideram apenas um recorte de pobreza para políticas mais específicas.

Do outro lado encontram-se aqueles que entendem tais desigualdades como resultado de um processo de racialização que configurou e consolidou socialmente uma parcela da população como "outra" (ou não branca) e a alocou em uma posição social de desprestígio, que suspendeu sua humanidade, racionalidade, estética e subjetividade em descrédito. Processo que tem materializado uma marginalização e discriminação dessa parcela populacional em condições periféricas e subalternas no que tange o acesso de locais, relações e oportunidades que geram, por exemplo, mobilidade social e econômica, produção de conhecimento e poder de decisão. As propostas decorrentes dessa perspectiva compreendem a raça como uma categoria de inteligibilidade desse processo, portanto, é considerada essencial para o combate das desigualdades materiais e simbólicas oriundas dele (GUIMARÃES, 2005).

Esse dissenso teórico-político foi evidentemente acentuado com as atuais propostas e execuções de ação afirmativa, apresentadas como uma alternativa possível para sanar as desigualdades raciais aqui vigentes. E esse acirramento não se deve apenas pelo caráter particularista da ação afirmativa, mas, sobretudo, pelo uso do critério racial em suas formulações que almejam, em sua maioria, o benefício do grupo racial composto por pessoas negras (BERNARDINO-COSTA, 2004, p. 17).

Esse desconforto específico com as políticas que utilizam o critério racial para beneficiar a população negra fica mais evidente quando lembramos que durante toda a história brasileira houve a execução de uma série de políticas que beneficiaram grupos particulares[30] sem grande repercussão e contrariedade. Porém, o mesmo não acontece com a ação afirmativa direcionada aos negros, pelo contrário, a recepção dessa política está fortemente marcada por um embate conceitual e propositivo de magnitude nacional.

Segundo Bernardino-Costa (2004, p. 16), esse embate em torno da ação afirmativa pode ser compreendido a partir de três formulações, socialmente difundidas no imaginário social brasileiro e consequentes do ideário da democracia racial, que convergiram na constituição simbólica da nossa nacionalidade.

A primeira formulação alega a inexistência de uma intensa hostilidade ou segregação racial no país, o que, pelo contrário, apresenta uma cordial e híbrida relação entre os grupos raciais. Por conseguinte, qualquer disfunção social motivada pela raça é interpretada como um fato isolado, privado e descontínuo do imaginário social democrático. A segunda formulação discorre que não é a raça, mas a classe social que explica as desigualdades e oportunidades do indivíduo, portanto a raça é rejeitada tanto como uma variável explicativa, quanto um critério a ser usado em políticas públicas. Por último, difundiu-se a concepção de que o Brasil é um país altamente miscigenado, o que torna a identificação racial inviável e irrelevante, pois a consequente mestiçagem cultural e racial desse processo é comumente interpretada como uma evidência, quase irrefutável, da assimilação e da integração das raças aqui presentes.

Mala Htun (2004)[31] observa esse processo de transformações políticas em torno da ação afirmativa e questiona porquê no Brasil essas negociações e iniciativas aconteceram apenas no final da década de 1990.

> O abandono da tese da democracia racial pelo Estado brasileiro não foi provocado por incentivos materiais, ameaças ou pleitos. Pelo contrário, os políticos ficaram convencidos de que o combate às desigualdades era a coisa certa a se fazer. Por que isso aconteceu em um país que historicamente se orgulhou por não ter problemas raciais, e por que somente na virada do século e não durante a década de 1960, quando os Estados Unidos introduziram a ação afirmativa ou em meados da década de 1980, em torno da transição democrática? (HTUN, 2004, p. 75, tradução nossa).

A autora respondeu seu próprio questionamento argumentando que se estabeleceu no país durante a última década o que ela denominou de modelo

---

30 Por exemplo, a Lei dos 2/3 (Decreto-Lei 5.452/43 – CLT) que estipulou cota de dois terços de brasileiros para empregos em empresas individuais ou coletivas; a Lei do Boi (5.465/68) que reservou de 30 a 50% das vagas dos estabelecimentos de ensino médio agrícola e das escolas superiores de Agricultura e Veterinária, mantidos pela União, para candidatos agricultores ou filhos destes que residissem em zonas rurais ou cidades e vilas sem estabelecimentos de Ensino Médio; a Lei 8.112/90 que prescreve cotas de até 20% para portadores de deficiência no serviço público civil da União e a Lei 9.504/97 que preconiza cotas para mulheres nas candidaturas partidárias (SILVA Jr., 2003).
31 Atualmente é professora da New School University – NY.

interativo, que articulou três variáveis independentes, mas que se reforçaram mutuamente: 1) a emergência de uma *Issue Network*[32] baseada e focada na problemática racial; 2) a iniciativa presidencial de FHC perante temática e 3) a influência dos eventos internacionais, principalmente a Conferência de Durban.

Para Htun (2004) a mudança política brasileira em torno da problemática racial deve-se à formação de *issue networks*, pelo movimento social negro e por intelectuais engajados, que imbuídos no combate à desigualdade socioestrutural entre negros e brancos produziram pesquisas e conhecimento que denunciaram o racismo e forneceram base teórica e analítica para a elaboração de políticas estatais. O governo FHC promoveu espaço e suporte para esse diálogo entre Estado e *Issue Network* se fortalecesse, ampliando o alcance de suas demandas e propostas na sociedade, principalmente no período de eventos preparatórios para a Conferência de Durban. E esta, completando o seu modelo interativo, configurou o papel da influência internacional para a efetivação de políticas de combate à discriminação e de promoção da igualdade e justiça, advinda de encontros organizados majoritariamente pela ONU, os quais o Brasil é signatário. Por fim, segundo a autora, a nacionalização das demandas do movimento social e do governo federal (FHC) provocou uma radical mudança na abordagem estatal brasileira sobre a raça e sua problemática (HTUN, 2004, p. 84).

O debate em torno da ação afirmativa no Brasil já ultrapassou sua primeira década[33] e continua acirrando e dividindo posicionamentos, sejam políticos ou acadêmicos. Entretanto, tal discussão não deve ser encarada como uma demanda de uma minoria identitária representada pelo movimento negro ou de seus simpatizantes, pelo contrário, deve ser entendida como uma demanda que é transversal à maioria dos problemas sociais nacionais, portanto, de interesse de todos que anseiam completar e alcançar os direitos democráticos do país. Sobre o desenvolvimento dessas políticas Heringer (2003) afirma que

> a definição de estratégias para alcançar maior igualdade racial no Brasil é um objetivo democrático e, por que não dizer, revolucionário, num país que reiteradamente convive com padrões de desigualdades cristalizados ou cuja elite simplesmente dilui o preconceito aparente na ausência de uma linha de cor

---

[32] *Issue Network* é um conceito de Heclo (1978) que Htun (2004) define como "um conjunto de grupos e indivíduos engajados em objetivos comuns e específicos". Os membros de *Issue Networks* estão ligados principalmente por compartilharem interesses comuns em uma determinada área política e não uma identidade coletiva, categoria profissional, local de residência, valores ou orientação ideológica. Eles circulam informações, organizam e participam de pertinentes seminários políticos, os quais elaboram projetos de legislação e propostas políticas. *Issue Networks* envolvem pessoas em vários níveis, tais como acadêmicos que conduzem estudos, publicam e oferecem consultoria especializada; grupos de articulação política, associações profissionais, movimentos populares, membros da imprensa e funcionários estatais (HTUN, 2004, p. 76, tradução nossa).

[33] O pronunciamento de Fernando Henrique Cardoso, como chefe de Estado, em novembro de 1995, é entendido como o marco gerador do debate nacional em busca do equacionamento do problema racial brasileiro e, consequentemente, da ação afirmativa.

no Brasil. A desigualdade, que é nossa marca de origem como nação, combinada à diversidade, exige novas e criativas soluções. O debate das cotas, quando feito com seriedade, serve a este propósito: gerar novos consensos, criar novas estratégias, mobilizar recursos públicos e privados com o objetivo de promover maior inclusão social e racial (HERINGER, 2003, p. 297).

3.4.4 Ação afirmativa e seu potencial de transformação social

A ação afirmativa surgiu no Brasil como uma possibilidade política de transformar esse sistema que impede que determinadas pessoas acessem locais e cargos de poder, em razão de estarem alocadas em posições ou grupos concebidos socialmente como inferiores. A ação afirmativa é uma atitude política que resulta da compreensão analítica de que o acesso ao poder e a completa cidadania dos indivíduos foram cerceados da maioria deles, exatamente porque na prática estes não são reconhecidos e tratados como tais. Ou seja, os processos simbólicos resultantes do racismo, do sexismo, do regionalismo, da homofobia, etc. despiram a individualidade daqueles enquadrados como desviantes do padrão eurocentrado e consolidaram-nos coletivamente.

Diante disso entendemos porque o foco das políticas afirmativas (os grupos e não os indivíduos) é incessantemente acusado de paradoxal. Entretanto não é a ação afirmativa que é paradoxal, mas a própria sociedade que trata convenientemente alguns como indivíduos e outros como coletivos marginalizados. Portanto, se o atual processo de redefinição do Estado Nacional Brasileiro ignorar esse paradoxo, insistindo apenas em políticas nomeadas universalistas, porque estas respeitariam a isonomia dos indivíduos, sem dúvida, persistiremos em paradigmas políticos que jamais alcançarão seus objetivos há séculos idealizados e prometidos, ou seja, o tratamento igual entre os diferentes.

A associação entre as modificações na Lei de Diretrizes e Bases da Educação Nacional proporcionadas pelas Leis 10.639/03 e 11.645/08, o Projeto de Lei das Cotas e o Projeto sobre o Estatuto Racial (ambos aguardando votação no Congresso Nacional) e os programas de ação afirmativa existentes nas universidades brasileiras sinalizam para mudanças profundas em nossas matrizes formativas, não apenas no que se refere à educação em seus níveis, porém com real distinção na formação de todos os cidadãos, inclusive os que compõem a elite.

Portanto, a questão em torno das ações afirmativas e das cotas raciais tendem a extrapolar o que hoje é mais visível nesse debate; há elementos constitutivos de outra ordem e natureza. Os discursos amparados nos ideais de branqueamento e da democracia racial, ainda presentes em setores da sociedade brasileira, têm suas bases corroídas por dentro e por fora, isto é, são profundamente questionados sem que tenham condição de atualizar-se frente às certeiras e contundentes críticas lançadas. São postos em xeque no campo acadêmico e científico, basta fazer um acompanhamento mais preciso e menos afoito das teses produzidas nas universidades e institutos de pesquisa; que ao mesmo tempo veem deteriorar, numa velocidade estonteante, a aceitação de tais pressupostos por expressivas parcelas da sociedade.

Talvez alguns analistas tenham sido surpreendidos com todos esses possíveis desdobramentos; talvez alguns desses sequer desconfiassem que as universidades estaduais fluminenses quando passaram a adotar políticas de ação afirmativa para grupos praticamente inexistentes no interior dos *campi* universitários estava em curso a conexão com percursos históricos da sociedade brasileira. As ações afirmativas, as cotas raciais, na educação e no mercado de trabalho, possibilitam aprofundar duas perspectivas importantes para as sociedades contemporâneas. De um lado, o tratamento igualitário para todos, independente de suas características adscritas; de outro, e ainda pouco observada, uma profícua discussão em torno do caráter de sociedades multiétnicas e multirraciais, como é o caso da sociedade brasileira.

Muito mais que debater e polemizar sobre o acesso e a permanência de negros nos bancos universitários do país, essa movimentação se singulariza, pois no bojo das cotas raciais ganham fôlego novas configurações interpretativas não só sobre as relações raciais existentes na sociedade brasileira, mas possibilidades únicas da reivindicação de direitos coletivos, como já presente na Constituição de 1988 ao referir-se às terras quilombolas.

Evidentemente, ainda é muito cedo para assegurarmos que rumos a sociedade adotará no futuro próximo, entretanto podemos vislumbrar no horizonte a percepção de que a intransigente defesa do valor da igualdade é crucial, mas concomitantemente insuficiente para assegurar a construção de uma sociedade democrática, marcada, desde sua formação, pela presença de diferenças que fizeram, fazem e farão, sobremaneira, a diferença.

3.5 Considerações finais

Até aqui pudemos aprender um pouco sobre a Sociologia, sobre o que os autores clássicos da Sociologia pensaram e escreveram sobre educação. Pudemos ainda entender um pouco mais sobre o desenvolvimento da educação e das políticas públicas educacionais no Brasil. Passamos pelas reformas educacionais e pelas reformas políticas do Estado brasileiro e ainda pudemos compreender alguns dos modelos de pensamento que orientaram o Brasil durante sua história. Discutimos as concepções de miscigenação, de mestiçagem e as políticas públicas, voltadas principalmente à educação, que se calcam na diferença e em sua valorização e reconhecimento positivados.

Nesta última unidade problematizamos a educação e a diferença, pensando pontualmente sobre a diferença e como esta precisa ser valorada nas políticas públicas, na subjetividade e nas relações sociais que nos cercam.

É importante dentro desse vasto campo de discussões e reflexões que estabeleçamos diálogos com a realidade que muitos de nós encontramos ou iremos encontrar nas salas de aula. É relevate, pois, conseguirmos transcender todas as nossas leituras e reflexões para o cotidiano escolar por meio de práticas que para além de não reafirmarem estereótipos e modelos preconceituosos e hierárquicos de relacionamentos, consigamos nos posicionar frente a essas práticas como agentes de novas dinâmicas sociais, que não sejam formadoras da subalternidade, de preconceitos e discriminações e assim possamos participar de da construção, por meio da educação, do reconhecimento e da valorização de experiências da diferença que façam diferença.

3.6 Saiba mais

<http://www.acoes.ufscar.br/>

<portal.mec.gov.br/secad/>

<http://www.casadeculturadamulhernegra.org.br/>

<http://www.mundonegro.com.br/>

<http://www.palmares.gov.br/>

<http://www.quilombhoje.com.br/>

3.7 Dicas de filmes

"ESCRITORES DA LIBERDADE"

Sinopse: Hilary Swank, duas vezes premiada com o Oscar, atua nessa instigante história, envolvendo adolescentes criados no meio de tiroteios e agressividade, e a professora que oferece o que eles mais precisam: uma voz própria. Quando vai parar numa escola corrompida pela violência e tensão racial, a professora Erin Gruwell combate um sistema deficiente, lutando para que a sala de aula faça a diferença na vida dos estudantes.

Disponível em: <http://www.prime.com.br/dadosfilme.asp?fi_codi=38534>. Acesso em: 19 out. 2009.

"PRO DIA NASCER FELIZ"

Sinopse: As situações que o adolescente brasileiro enfrenta na escola, envolvendo preconceito, precariedade, violência e esperança. Adolescentes de três estados, de classes sociais distintas, falam de suas vidas na escola, seus projetos e inquietações.

Disponível em: <http://www.scrittaonline.com.br/detalhes_livros.php?id=56>. Acesso em: 19 out. 2009.

"ENTRE OS MUROS DA ESCOLA"

Sinopse: François e os demais amigos professores se preparam para enfrentar mais um novo ano letivo. Tudo seria normal se a escola não estive em um bairro cheio de conflitos. Os mestres têm boas intenções e desejo para oferecer uma boa educação aos seus alunos, mas por causa das diferenças culturais – microcosmo da França contemporânea – esses jovens podem acabar com todo o entusiasmo. François quer surpreender os jovens ensinando o sentido da ética, mas eles não parecem dispostos a aceitar os métodos propostos.

Disponível em: <http://www.telaquente.net/entre-os-muros-da-escola.html>. Acesso em: 19 out. 2009.

3.8 Referências

BERGER, Peter Ludwig; LUCKMANN, Thomas. *A Construção Social da Realidade*: Tratado de Sociologia do Conhecimento. Tradução de Floriano de Souza Fernandes. Petrópolis: Vozes, 1985.

BERNARDINO-COSTA, Joaze. Levando a raça a sério: ação afirmativa e correto reconhecimento. In: BERNARDINO-COSTA, Joaze; GALDINO, Daniela (Orgs.). *Levando a raça a sério*: ação afirmativa e universidade. Rio de Janeiro: DP&A, 2004. v. 1, p. 15-38.

BRAH, Avtar. "Diferença, Diversidade e Diferenciação". *Cadernos Pagu*, Campinas, n. 26, 2006.

BRASIL. Assembléia Nacional Constituinte. *VII Comissão da ordem social*: anteprojeto da comissão. Brasília: Centro Gráfico do Senado Federal, 1987.

_____. Secretaria de Educação Fundamental. *Parâmetros curriculares nacionais*: terceiro e quarto ciclos: apresentação dos temas transversais. Brasília: MEC/SEF, 1998.

_____. Lei nº 10.639, de 9 de janeiro de 2003. Inclui a obrigatoriedade da temática "História e Cultrura Afro-Brasileira" no currículo oficial da rede de ensino. Diário Oficial da União, Brasília, DF, 10 jan. 2003. Seção 1, p. 1.

_____. Ministério da Educação. Secretaria Especial de Políticas de Promoção da Igualdade Social. *Diretrizes curriculares nacionais para a educação das relações étnico-raciais e para o ensino de história e cultura afro-brasileira e africana*. Brasília: Ministério da Educação, 2004.

_____. Lei nº 9.394 de 20 de novembro de 1996. Lei de Diretrizes e Bases da Educação Nacional. Disponível em: <http://www.planalto.gov.br/ccivil_03/LEIS/l9394.htm>. Acesso em: 23 set. 2009.

_____. *Constituição da República Federativa do Brasil*. Brasília: Senado Federal, 1988. Disponível em: <http://www.planalto.gov.br/ccivil_03/constituicao/constitui%C3%A7ao.htm>. Acesso em: 19 out. 2009.

_____. Parecer nº 003 de 2004. *Diretrizes Curriculares Nacionais para a educação das relações étnico-raciais e para o ensino de história e cultura afro-brasileira e africana*. Disponível em: <http://portal.mec.gov.br/dmdocuments/cnecp_003.pdf>. Acesso em: 19 out. 2009.

_____. Plano Nacional de Educação. Lei nº 10.172, de 9 de Janeiro de 2001. Disponível em: <http://portal.mec.gov.br/arquivos/pdf/pne.pdf>. Acesso em: 19 out. 2009.

COSTA, Sérgio. A Construção Sociológica da Raça no Brasil. *Estudos Afro-Asiáticos*, Rio de Janeiro, v. 24, n. 1, 2002.

DÁVILA, Jerry. *Diploma de brancura*: política social e racial no Brasil (1917-1945). São Paulo: Editora da UNESP, 2006. 400 p.

FRY, Peter et al. *Divisões Perigosas*: Políticas raciais no Brasil contemporâneo. Rio de Janeiro: Civilização Brasileira, 2007.

GOMES, Joaquim Benedito Barbosa. O debate constitucional das ações afirmativas. In: SANTOS, Renato Emerson; LOBATO, Fátima (Orgs.). *Ações Afirmativas*: políticas contra as desigualdades raciais. Rio de Janeiro: DP&A, 2003.

GOMES, Nilma Lino. Os jovens rappers e a escola: a construção da resistência. In: REUNIÃO ANUAL DA ANPED, 19., 1996, Caxambu. *Anais...* Caxambu: ANPED, 1996, p. 1-11.

_____. A contribuição dos negros para o pensamento educacional brasileiro. In: SILVA, Petronilha Beatriz Gonçalves; BARBOSA, Lúcia Maria de Assunção (Orgs.). *O Pensamento Negro em Educação no Brasil*: expressões do movimento negro. São Carlos: EdUFSCar, 1997. p. 17-30.

_____. Diversidade Cultural, Currículo e Questão Racial: desafios para a prática pedagógica. In: ABRAMOWICZ, Anete; BARBOSA, Lúcia Maria de Assunção; SILVÉRIO, Valter Roberto (Orgs.). *Educação como Prática da Diferença*. Campinas: Armazém do Ipê; Autores Associados, 2006.

_____. Trajetórias escolares, corpo negro e cabelo crespo: reprodução de estereótipos e/ou ressignificação cultural?. In: REUNIÃO ANUAL DA ANPED, 25., 2002, Caxambu. *Anais...* Caxambu: ANPED, 2002. Disponível em: <http://www.anped.org.br/reunioes/25/nilmalinogomest21.rtf>. Acesso em: 19 out. 2009.

GONÇALVES, Luiz Alberto Oliveira; SILVA, Petronilha Beatriz Gonçalves. Multiculturalismo e educação: do protesto de rua a propostas e políticas. *Revista da Faculdade de Educação da Universidade de São Paulo*, São Paulo, v. 29, n. 1, p. 109-123, jan./jun. 2003.

GUIMARÃES, Antônio Sérgio Alfredo. *Classes, Raças e Democracia*. São Paulo: Fundação de Apoio à Universidade de São Paulo; Editora 34, 2002.

_____. *Racismo e Anti-racismo no Brasil*. São Paulo: Fundação de Apoio à Universidade de São Paulo; Editora 34, 2005.

_____. *Preconceito Racial*: modos, temas e tempos. São Paulo: Cortez, 2008. (Coleção Preconceitos v. 6).

HALL, Stuart. *A Identidade Cultural na Pós-Modernidade*. Tradução de Tomaz Tadeu da Silva e Guacira Lopes Louro. Rio de Janeiro: DP&A, 2005.

_____. Visões sobre as políticas de ação afirmativa. In: SANTOS, Gevanilda; SILVA, Maria Palmira. *Racismo no Brasil*: Percepções da discriminação e do preconceito racial no século XXI. São Paulo: Editora Fundação Perseu Abramo, 2005.

HENRIQUES, Ricardo. *Desigualdade Racial no Brasil*: Evolução das Condições de Vida na Década de 90. Brasília: IPEA, 2001.

HERINGUER, Rosana. Promoção da igualdade racial no Brasil: Um objetivo democrático. *Teoria e Pesquisa*, São Carlos, n. 42-43, jan./jul. 2003.

HTUN, Mala. From "Racial Democracy" to Affirmative Action: Changing State Poly on Race in Brazil. *Latin American Research Review*, v. 39, n. 1, 2004.

JACCOUD, Luciana; BEGHIN, Nathalie. *Desigualdades raciais no Brasil*: um balanço da intervenção governamental. Brasília: IPEA, 2002.

MISKOLCI, Richard. Um Corpo Estranho na Sala de Aula. In: ABRAMOWICZ, Anete; SILVÉRIO, Valter Roberto. *Afirmando Diferenças*. Campinas: Papirus, 2005.

_____. *A Teoria Queer e a Sociologia*: o desafio de uma analítica da normalização. São Paulo: mimeo, 2007. Disponível em: <http://www.scielo.br/scielo.php?pid=S1517-45222009000100008&script=sci_arttext>. Acesso em: 16 out. 2009.

ORTIZ, Renato. "Do popular-nacional ao internacional-popular". In: _____. *A Moderna tradição brasileira*. São Paulo: Brasiliense, 1998. p. 182-212.

PACHECO, Eliezer; RISTOFF, Dilvo Ilvo. *Educação superior*: democratizando o acesso. Brasília: INEP, 2004. Disponível em: <http://www.unifra.br/arquivos/arquivos_prograd/ed_sup_democratizando_o_acesso.pdf>. Acesso em: 5 nov. 2009.

PAIXÃO, Marcelo; CARVANO, Luiz Marcelo. *Relatório anual das desigualdades raciais no Brasil*: 2007-2008. Rio de Janeiro: Garamont, 2008. 213 p.

PEREIRA, Jacira Helena do Valle. Fronteiras Étnico-Cultural e Geográfica: Indagações para educação sobre a (re)construção de sujeitos migrantes. In: REUNIÃO ANUAL DA ANPED, 26., 2003, Poços de Caldas. *Anais...* Poços de Caldas: ANPED, 2003. Disponível em: <http://www.anped.org.br/reunioes/26/posteres/sormanidasilva.rtf>. Acesso em: 19 out. 2009.

RODRIGUES, Tatiane Consentino. *Movimento Negro no Cenário Brasileiro*: Embate e Contribuições à Política Educacional nas Décadas de 1980-1990. Dissertação (Mestrado em Sociologia) – Universidade Federal de São Carlos, São Carlos, 2005.

SALES Jr., Ronaldo Laurentino. *Raça e Justiça*: o mito da democracia racial e o racismo institucional no fluxo de justiça. Tese (Doutorado em Sociologia) – Universidade Federal de Pernambuco, Recife, 2006.

SCOTT, Joan Wallach. O enigma da igualdade. *Estudos Feministas*, Florianópolis, v. 13, p. 11-30, jan./abr. 2005.

SILVÉRIO, Valter Roberto. Ação afirmativa e o combate ao racismo institucional no Brasil. *Caderno Pesquisas*, São Paulo, n. 117, nov. 2002.

_____. Ação afirmativa no Brasil: trajetória de um dissenso. In: ENCONTRO ANUAL DA ANPOCS, 27., 2003, Caxambu. *Anais...* São Paulo: ANPOCS, 2003.

_____. Negros em movimento: a construção da autonomia pela afirmação dos direitos. In: BERNARDINO-COSTA, Joaze (Org.). *Levando a Raça a Sério*: ação afirmativa e universidade. Rio de Janeiro: DP&A Editores, 2004. v. 1.

_____. Ações Afirmativas e Diversidade Étnica e Racial. In: SANTOS, Sales Augusto dos (Org.). *Ações Afirmativas e Combate ao Racismo nas Américas*. Brasília: MEC/SECAD, 2005.

_____. A (Re)configuração do Nacional e a Questão da Diversidade. In: ABRAMOWICZ, Anete; SILVÉRIO, Valter Roberto. *Afirmando Diferenças*. Campinas: Papirus, 2005.

_____. A Diferença como realização da liberdade. In: ABRAMOWICZ, Anete; BARBOSA, Lúcia Maria de Assunção; SILVÉRIO, Valter Roberto (Orgs.). *Educação como Prática da Diferença*. Campinas: Autores Associados, 2006.

_____. Ação Afirmativa: Uma Política que faz a Diferença. In: PACHECO, Jairo Queiroz; SILVA, Maria Nilza da (Orgs.). *O Negro na Universidade*: O Direito à Inclusão. Brasília: Fundação Cultural Palmares, 2007.

SOUZA, Marcelo Gustavo Andrade de. Diferença e Tolerância: Por uma Teoria Multicultural de Educação. In: REUNIÃO ANUAL DA ANPED, 25., 2002, Caxambu. *Anais...* Caxambu: ANPED, 2002.

TORRES, Carlos Alberto. Democracia, Educação e Multiculturalismo: Dilemas da Cidadania em um Mundo Globalizado. In: _____. (Org.). *Teoria Crítica e Sociologia Política da Educação*. São Paulo: Cortez, 2003. p. 63-101.

SOBRE OS AUTORES

Valter Roberto Silvério

Professor Adjunto do Departamento de Sociologia da Universidade Federal de São Carlos (UFSCar). Doutor em Ciências Sociais pela Unicamp. Atua como docente na UFSCar desde 1992. Desenvolve pesquisas na área de Sociologia, com ênfase em Relações Raciais, Educação, Ação Afirmativa, Cidadania e Afro-Brasileiros.

Thais Santos Moya

Doutoranda em Sociologia (Programa de Pós-Graduação em Sociologia - UFSCar), possui mestrado em Sociologia e graduação em Ciências Sociais pela UFSCar. É integrante do Núcleo de Estudos Afro-Brasileiros (NEAB/UFSCar), atuando nas seguintes áreas: Ação Afirmativa no Brasil Contemporâneo, Estudos das Relações Raciais Brasileiras, Sociologia das Diferenças, Educação e Mídia.

Karina Almeida de Sousa

Mestranda em Sociologia (PPGS – UFSCar). Desenvolve pesquisa na área de Sociologia, com ênfase em Sociologia da Educação e Sociologia das Relações Étnico-Raciais. Tem experiência nas seguintes áreas: Relações Raciais no Brasil Contemporâneo, Educação, Ação Afirmativa, Cidadania, Identidade e Afro-Brasileiros.

Elaine de Melo Lopes dos Santos

Possui graduação em Direito pela Universidade Federal de Juiz de Fora. Mestranda em Sociologia (PPGS – UFSCar). Atua principalmente nas seguintes áreas: Sociologia das Relações Étnico-raciais e Antirracismo.

Marisa Adriane Dulcini Demarzo

Mestre em Educação e Licenciada em Pedagogia pela UFSCar. Integrante do NEAB/UFSCar. Tem experiência na área de Educação, atuando principalmente nas seguintes áreas: Educação das Relações Étnico-Raciais, Formação Continuada de Professores e Juventude.

Paulo Alberto dos Santos Vieira

Professor assistente da Universidade do Estado de Mato Grosso, Bacharel em Ciências Econômicas (UFRuralRJ), Mestre em Desenvolvimento Econômico (UFU), Doutorando em Sociologia (PPGS - UFSCar). Coordenador da Câmara Técnica de Educação das Relações Raciais do Conselho Municipal de Educação de São Carlos (CME/São Carlos). Pesquisador permanente do Núcleo de Estudos sobre Educação, Gênero, Raça e Alteridade (NEGRA/UNEMAT) e integrante do NEAB/UFSCar. Possui experiência nas áreas de Relações Raciais no Brasil Contemporâneo, Desenvolvimento Econômico e Regional e Modelos de Desenvolvimento da Economia Brasileira.

Este livro foi impresso em junho de 2010 pelo Departamento de Produção Gráfica - UFSCar.